산상수훈으로 배우는

성숙한 그리스도인 1

성숙한 그리스도인 1

지은이 장창수
펴낸이 임상진
펴낸곳 (주)넥서스

초판 1쇄 발행 2013년 12월 20일
초판 4쇄 발행 2022년 5월 20일

출판신고 1992년 4월 3일 제311-2002-2호
10880 경기도 파주시 지목로 5
Tel (02)330-5500 Fax (02)330-5555

ISBN 978-89-6790-697-9 04230
978-89-6790-700-6 (세트)

www.nexusbook.com

산상수훈으로 배우는

성숙한 그리스도인 1

| 장창수 지음 |

넥서스CROSS

머리말

목회자로서 늘 가슴에 품고 사는 주제가 있다면 성숙과 열매의 문제입니다. 성숙은 쉽게 말하면 예수 그리스도를 닮는 것이요, 주님이 원하시는 방법으로 주어진 삶을 살아가는 것입니다. 이것은 미숙한 저 자신에게 던지는 질문인 동시에 성도들과 한국 교회를 향한 질문이기도 합니다. 오늘날 한국 교회는 세계 역사상 유래가 없는 부흥을 경험하였고, 수많은 목회 프로그램의 홍수 속에 있습니다. 그럼에도 불구하고 과거보다 훨씬 더 많은 교회 안의 갈등, 성도들의 부끄럽고 미숙한 삶의 모습, 도덕적인 타락 등으로 사회적인 지탄을 받고 있는 현실입니다. 저는 이 모든 문제의 원인을 교리적인 것도 아니요, 교육이나 프로그램의 부족도 아닌 바로 성도와 목회자의 성숙에 대한 문제라고 생각합니다.

그리스도인의 삶은 한 그루의 유실수를 심는 것과 같습니다. 농부가 나무를 심고 키우고 최선을 다하는 이유는 무르익은 열매를 얻기 위함입니다. 만약 아무리 나무가 우렁차고 보기 좋아도 달고 맛있는 열매가 없다면 그것은 실망감을 주고 들인 수고는 아무런 의미가 없게 됩니다. 오늘날 한국 교회는 나무의 모양과 무성한 잎은 있으되 삶에 있어서 무르익지 못한 과실처럼 떫고 시어서 남에게 아픔을 주거나 아무 유익이 없는 열매와 같다는 생각을 지울 수가 없습니다. 물론 이것은 가장 우선적으로 목회자인 저 자신에게 던진 말이기도 합니다.

지금 우리는 그 어느 때보다도 그리스도인의 삶에 대한 진지한 고민이 있어야 합니다. 한국 교회가 사회적으로 외면당하고 지탄의 대상이 된 것은 기독교의 교리나 제도적인 것이 결코 아닙니다. 물론 객관적인 기준으로 본다면 당연히 그리스도인들이 비난하는 세상 사람들보다 훨씬 더 윤리적이며 도덕적인 부분 아니 모든 면에서 아름답게 살아가고 있습니다. 그럼에도 불구하고 세상이 원하는 교회와 성도, 특별히 목회자를 향한 기준이 대단히 높다는 것을 잊어서는 안 됩니다. 그들이 우리에게 요구하는 것은 '그리스도인답게 살라.'는 것입니다. 성숙한 성도의 삶은 결코 추상적이거나 세상과 단절된 수도사와 같은 삶이 아닙니다. 오히려 세상 속에서 사람들과 함께 살아가며 아름답게 성숙하고 무르익은 과일과 같이 그들에게 기쁨을 주는 삶이어야 합니다.

저는 분명히 확신합니다. 당연히 구원은 전적인 하나님의 은혜와 그것을 믿음으로 받습니다. 하지만 우리가 장차 주님 앞에 설 때에는 "네가 어떻게 살았느냐?"에 대해서 답해야 할 것입니다. 본 교재는 이러한 고민에서 출발하였습니다. 당연히 성숙한 삶과 열매에 대한 답은 성경에서 찾아야 할 것입니다. 하나님이 우리에게 직접 말씀하고 명령하신 삶의 법칙으로 그 성숙한 삶의 잣대를 삼으면 될 것입니다. 구약성경에서는 친히 주신 '십계명'을 통하여 하나님의 준엄하신 명령에서 삶의 구체적인 지침을 찾아보았고, 신약성경에서는 주님이 친히 말씀하신 하늘 사람의 삶의 법칙인 '산상수훈'에서 답을 얻고자 했습니다. 물론 '성령의 아홉 가지 열매'는 성령 세례를 받은 성도들이 맺어야 할 삶의 열매이기에 당연히 여기에 포함했습니다. 최소한 이 세 분야에서의 구체적인 묵상과 적용이 있다면, 그리스도인의 삶의 분명한 틀을 가지지라 확신합니다.

이 교재는 많은 문제를 안고 있는 한국 교회에 도움이 될 것입니다. 성도 간의 갈등이 있는 교회에 도움이 될 것입니다. 특별히 성숙을 추구하는 모든 분과 '그리스도인으로서 어떻게 살아야 할 것인가?'를 고민하는 모든 성도에게 도움이 될 것입니다. 성도들을 어떻게 성숙한 성도로 양육할 것인가 고민하는 목회자들에게도 크게 도움이 될 것입니다. 구체적인 적용이 없는 교재로 목말라 하는 한국 교회에 새로운 성숙 훈련의 틀을 세웠으면 하는 작은 바람이 있습니다.

책을 쓸 때마다 가장 부족하고 무능한 사람에게 정말 좋은 것으로 채워 주시는 하나님에게 모든 영광을 돌립니다. 제가 구체적으로 성숙을 드러내고 열매를 맺어야 할 현장에서 늘 격려해 주시고 도와주신 여러 부교역자와 가족에게 감사의 마음을 전합니다. 교재에 대한 꿈과 격려를 아끼지 않고 신실하게 이끌어 준 ㈜넥서스크로스의 김명식 목사님과 늘 실무적인 고민과 따뜻한 사랑으로 함께해 주고 부족하고 투박한 글에 예쁜 옷을 입혀 준 크로스팀에게 감사의 인사를 전합니다.

성숙한 삶의 열매를 맺으며 살아가는 자녀들을 잠잠히 따뜻한 눈으로 지켜보시는 주님을 묵상하며…….

대명동 앞산자락에서

장창수 목사 드림

교재 활용법

본 교재의 활용법에 대하여

본 교재를 통해 신앙의 성장을 이루고 성숙된 그리스도인이 되기를 원하신다면 다음과 같이 활용하십시오.

1. 본 교재는 '산상수훈'(1권)과 '십계명, 성령의 열매'(2권)의 말씀을 중심으로 예수 그리스도가 원하는 성숙한 그리스도인은 어떤 모습인지를 배우고 알아갈 것입니다.

단지 성경적인 지식을 배우고 익힌다는 생각에서 벗어나, 2000년 전 예수 그리스도가 은혜의 말씀을 선포하셨던 그 현장을 경험한다는 마음으로 주님이 나에게 주시는 말씀으로 받아들이기를 바랍니다.

2. 본 교재는 1권 15과, 2권 19과로 구성되어 있습니다. 그리고 각 단원은 네 부분의 단락으로 구성되어 있습니다.

♦ 1단계 세상 돌아보기

개인의 삶을 돌아보는 단계입니다. 본인이 알고 있는 자신의 모습을 가장 솔직하게 보이며 공동체 안에서 서로 나누고 표현할 수 있기를 바랍니다. 드러내지 않고 숨기고 싶은 모습이 있을지라도 함께 나누고 표현할 때 주실 말씀에 대한 기대치가 더욱 커지게 될 것입니다. 그러나 서로에게 부담이 되고, 관계를 어렵게 만들 수 있는 표현이라면 언행을 조심하는 지혜도 필요할 것입니다.

♦ 2단계 주님 알아가기

본문의 내용을 공부하기에 앞서 서론 부분에 해당합니다. 본문을 통해 예수 그리스도께서 우리에게 원하시는 뜻이 무엇인지를 바라보게 되며, 궁극적으로 우리가 변화되어야 할 최종 목표를 제시할 것입니다.

♦ 3단계 주님 바라보기

본문에 대한 성경적인 해석과 구체적인 적용 부분입니다. 현대를 살아가는 그리스도인들에게 주님이 원하시는 성숙된 삶이 무엇인지를 배우며 알아가게 됩니다. 더불어 배우고 익히는 것에 그치는 것이 아니라 믿음의 고백을 통한 분명한 결단이 있어야 할 것입니다.

♦ 4단계 주님과 동행하기

실제적인 생활 속에서 주님과 동행하며 말씀을 적용할 수 있습니다. 이것은 세상의 그 누구도 아닌 오직 자신에게 주시는 하나님의 말씀으로 받아들이는 자세가 필요합니다. 그리고 삶 가운데 배운 바를 실천함으로 성숙한 그리스도인이 되기를 훈련하게 됩니다.

3. 본 교재의 예화와 성경 구절을 충분히 활용해야 합니다.

각 단락에서는 본문의 이해를 돕기 위한 성경 구절과 예화 등이 기록되어 있습니다. 논리적인 내용의 전개 가운데 가장 필요한 말씀과 예화들을 수록하였기에 그것들을 최대한 활용할 수 있기를 바랍니다. 작은 한 부분이라도 그냥 지나쳐 버린다면 이 시대를 향해 말씀하시는 주님의 음성을 놓칠지도 모릅니다.

4. 본 교재의 모든 질문과 토의는 가장 적극적인 자세와 주도적인 모습으로 해야 합니다.

'세상 돌아보기'나 '주님과 동행하기'에서 제시하는 질문과 토의 주제들은 가장 객관적으로 자기 자신을 바라볼 수 있는 기회가 될 것이며, 삶 속에 구체적인 적용점을 찾을 수 있도록 도울 것입니다. 물론 정답이 있는 것은 아니지만, 솔직한 자신을 표현하는 것이 가장 정답에 가깝습니다.

단, 거리낌이나 부담이 있다면 가장 편안하고 쉬운 것부터 할 수 있도록 합니다. 할 수 있는 한 가장 성실히 답하고, 있는 모습 그대로 구성원들과 나누고 기도할 수 있기를 바랍니다.

5. 본 교재를 통해 성숙한 그리스도인으로 자라가는 삶의 변화를 위해 본인 스스로 노력해야 합니다.

지도자와 공동체를 사랑하고 격려하며 항상 기도의 자리를 지킬 수 있어야 합니다. 나 하나쯤이라는 생각은 공동체를 무너뜨리는 가장 강력한 적입니다. 주어진 과제를 소홀히 다루지 않도록 노력해야 합니다.

매 과에 대한 복습과 예습은 기본입니다. 받은 은혜는 함께 나누고, 결단하고 실천해야 할 부분은 스스로 끊임없는 노력을 해야 합니다.

마지막으로 결석하거나 포기하는 자세는 지도자나 다른 구성원들을 지치게 할 수 있습니다. 주어진 환경에서 최선을 다 하고, 함께해 나가는 시간이 자신의 삶에서 가장 행복하고 소중한 순간이 되기를 바랍니다.

산상수훈(Sermon on the Mount , 山上垂訓)

신약성경 〈마태복음〉 5~7장에 기록되어 있는 내용으로 예수님이 제자들에게 가르치신 말씀이다.
산상설교 또는 산상보훈(山上寶訓)이라고도 한다.

예수께서 무리를 보시고 산에 올라가 앉으시니
제자들이 나아온지라
입을 열어 가르쳐 이르시되……

_마태복음 5장 1~2절

01 성도의 영향력

✣ 〈마태복음〉 5장 13~15절

13 너희는 세상의 소금이니 소금이 만일 그 맛을 잃으면 무엇으로 짜게 하리요 후에는 아무 쓸 데 없어 다
만 밖에 버려져 사람에게 밟힐 뿐이니라 14 너희는 세상의 빛이라 산 위에 있는 동네가 숨겨지지 못할 것
이요 15 사람이 등불을 켜서 말 아래에 두지 아니하고 등경 위에 두나니 이러므로 집 안 모든 사람에게 비
치느니라

세상 돌아보기

지금까지 우리는 주변에 있는 많은 것으로부터 영향을 주고받으며 살아왔습니다. 어떤 영향을 받으며 변화되었는지 생각해 보고 나누어 봅시다.

	내용	순위	영향 받은 내용
1	부모님		
2	신앙		
3	찬양		
4	친구		
5	학교 선생님		

6	교역자
7	스포츠
8	연예인
9	돈
10	음악

주님 알아가기

1906년 영국의 웨일즈 대 부흥운동이 있던 때입니다. 당시 웨일즈에는 해변을 따라서 배를 만드는 조선소가 몇 개 있었습니다. 조선소에는 직원들 간에 어떤 좋지 않은, 부끄럽기 짝이 없는 풍토가 유행했다고 합니다. 그것은 회사에 있는 물건이나 장비를 도둑질하여 자기 집으로 가져가는 것이었습니다. 망치나 드라이브도 빼돌리고, 심지어 외바퀴로 굴러가는 수레까지 빼돌렸다고 합니다. 더 심각한 문제는 직원 대부분이 그리스도인이었고, 아무런 양심의 가책을 느끼지 못했다는 것입니다. 그러던 중 웨일즈에 놀라운 영적 부흥운동이 일어났습니다. 성령이 불과 같이 임하고, 회개하는 역사가 일어났습니다. 사람들은 하나님 앞에 자신의 죄를 철저히 회개하고는 하나둘 조선소에서 훔쳤던 물건들을 다시 가져다 놓기 시작했습니다. 얼마나 많은 사람이 물건을 가져왔는지 조선소 앞에는 커다란 푯말이 붙여졌습니다.

"최근 우리 웨일즈 지역에 일어난 부흥운동으로 여러분이 회개를 했더라도 그간 훔친 물건들은 다시 가져오지 말고 그냥 사용하십시오. 더 이상 회사에 장비를 쌓을 공간이 없습니다."

그동안 얼마나 많은 사람이 물건을 빼돌리고 죄책감 없이 생활했는지를 보여 주는 이야기입니다. 그런데 웨일즈 부흥운동은 여기서 끝나지 않았습니다. 그동안 요령을 피우고 열심히 일하지 않았던 사람들도 성실하게 일하기 시작했습니다. 그리스도인으로서 정직하게 살기 위해 몸부림쳤습니다. 비로소 그때부터 영국의 경제가 일어나게 된 것입니다.

진정한 부흥은 단순히 잘못한 것을 고백하는 데에 그치는 것이 아니라, 잘못된 삶에서 돌아오고 매일의 삶이 새로워져서 세상 모든 사람에게 선한 영향력을 끼치는 것입니다. 세상을 아름답게 변화시키는 것이 부흥이요, 하나님의 자녀로서 마땅히 행할 도리입니다.

1. 그리스도인도 세 가지 부류로 구분됩니다.

① 세상의 것은 모두 악하다고 규정하고 세상과 담을 쌓고 사는 사람

Q 〈마태복음〉 5장 16절 말씀을 기록해 보세요.

'퀘이커 교도'나 중세 수도원 운동을 했던 사람들과 같은 부류입니다. 세상에 있으면 오히려 자신이 더러워진다고 생각하고, 세상과는 상종을 하지 않으려 합니다. 깊은 산속이나 사막에 가서 기도하고, 농사를 지으며 말씀을 보고, 묵상하며 평생을 그렇게 살다가 죽는 것입니다. 지금도 미국에 가면 이 '퀘이커 교도'를 볼 수 있는데, 그들은 마차를 타고, 전기도 사용하지 않습니다. 여전히 옛날처럼 검은 옷을 입고 세상과 단절하고 살아갑니다. 요즈음 그리스도인들 중에도 그러한 사람이 많습니다. 세상은 악하기 때문에 거기에 포함되지 않고 자신의 신앙만 지킨다는 태도입니다.

② 너무 쉽게 세상에 동화되는 사람

Q **〈호세아서〉 13장 2절 말씀을 기록해 보세요.**

예수 믿는 사람인지 믿지 않는 사람인지 전혀 구분할 수 없는 사람입니다. 심각한 문제입니다. 예수 그리스도를 구주로 믿고 섬긴다면 예수를 믿는 표가 나타나야 합니다. 삶의 향기로 드러나야 합니다. 오랜 시간을 함께 지냈는데, 주위 사람들이 전혀 모르는 눈치라면 더 심각합니다. "당신도 교회 다녔습니까?" "김 부장님! 집사님이셨어요?" 이런 말을 듣는다면, 평소 행동과 모습이 전혀 교회 다니는 사람 같지 않고, 예수 믿는 사람 같지 않다는 것입니다. 참된 그리스도인이라 할 수 없습니다.

③ 세상 속에서 구별된 삶을 살아가는 사람

Q **〈로마서〉 13장 12~14절 말씀을 기록해 보세요.**

이런 부류의 사람은 적극적으로 세상을 변화시키는 사람입니다. 자신이 먼저 희생하고, 언제나 섬기는 자리에 서고, 세상 사람들에게 예수 믿는 사람으로서 아름다운 향기를 드러내는 사람입니다. 이러한 사람들을 우리는 바로 그리스도인이라고 부릅니다.

사람들은 누구나 선한 영향을 주고받으며 살아갑니다. 반대로 어떤 사람은 악한 영향을 주고받기도 합니다. 하나님은 우리가 그리스도인이라고 하면서 겉모습만 그리스도인처럼 살기를 원하지 않으십니다. 하나님은 우리가 세상 사람들에게 선한 영향을 끼치며 세상을 변화시키는 참된 그리스도인이 되기를 원하십니다. 아주 강력하고 힘이 넘치지만 조용하고 드러나지 않으며, 순수하고 소박하지만 은은하고 고상하게 세상을 변화시키기를 원하십니다. 세상 가운데 선한 영향력을 끼치며 우리가 이 시대에 명품 그리스도인으로 세워지길 원하십니다.

주님 바라보기

예수님은 언덕 위에 수많은 백성을 앉히셨습니다. 백성은 바닷가 쪽에서 언덕 위쪽을 바라보며 앉고, 예수님은 언덕 위에서 바닷가 쪽을 바라보며 말씀을 선포하셨습니다. "너희들은 소금이요, 빛이다. 교회 안에서가 아니라 세상 속에 소금이고 빛이다."라고 말씀하십니다. 주님은 많은 잘못된 그리스도인이 교회 안에서는 그리스도인처럼, 소금처럼 생활하지만, 직장과 학교와 삶의 현장에서는 전혀 빛과 소금이 되지 않는다는 사실을 아셨던 것입니다.

세상이라 해서 일반적인 사회와 격리된 암흑 세계라고 생각할 필요는 없습니다. 여기서 이야기하는 세상은 교회 공동체 생활을 제외한 가정, 직장, 모든 사회생활, 믿지 않는 모든 사람들과의 관계 이 모두입니다.

요셉 이야기를 영화화 한 〈이집트 왕자 2〉라는 영화가 있습니다. 그 영화에는 성경에 나오지 않는 부분까지도 재미있게 연출해 놓았습니다. 그렇다고 해서 말도 안 되는 이야기를 하는 것이 아니라 어느 정도 근거는 있는 것 같습니다.

〈창세기〉 39장은 보디발의 아내가 요셉을 유혹하는 장면입니다. 요셉은 노예로 팔려갔지만 건장한 청년으로 잘 자라났습니다. 보디발의 아내는 날마다 요셉에게 매일 같이 하룻밤을 지내자고 유혹합니다.

"요셉! 넌 지금 팔려 와서 아무 힘도 없잖아. 나를 방패로 삼아 성공해! 너도 좋고 나도 좋고 그것이 죄가 될 수 없어!"라고 이야기하면서 계속 유혹합니다. 그때 요셉은 아무 반응도 하지 않지만 참 난감해 하는 모습을 영화로 표현해 놓았습니다.

요셉이 이렇게 말합니다. "마님, 제가 어떻게 당신에게 그럴 수 있습니까? 절대 그럴 수 없습니다. 우리 주인께서 볼품없는 저에게 은혜를 베푸셔서 지금까지도 먹이고 입히셨습니다. 특별히 저에게는 가정의 모든 권한을 주셔서 많은 재산을 관리할 수 있게 해 주셨습니다. 한 가지 금한 것은 오직 당신 밖에 없습니다. 제가 주인을 생각해서라도 당신과 그럴 수 없습니다."

성경에는 "내가 설사 주인 앞에 그럴지라도 나는 하나님 앞에 범죄할 수 없습니다."라고 하면서 요셉이 뿌리치고 뛰쳐나갑니다. 영화에서 보면 난리가 납니다. 여자는 요셉을 잡고 매달리고, 요셉은 뿌리치며 정말 어렵게 빠져나옵니다. 그때 요셉은 겉옷이 벗겨진 채로 도망을 가게 됩니다. 여자는 앙심을 품고 요셉을 죽이려고 합니다.

"저놈이 나를 거절하다니!"

자존심이 상해서 죽이겠다는 것입니다. 그리고 자신의 몸에 상처를 내서 남편에게 보입니다. 요셉의 옷도 내밀면서 요셉이 자신을 겁탈하려고 했다고 거짓말을 합니다.

남편 보디발은 화가 나 요셉을 왕의 죄수가 있는 옥에 가둡니다. 그런데 중요한 것이 있습니다. 당시 문화로는 노예가 주인의 아내를 겁탈하려 했다는 사실이 드러났을 때, 감옥이 아니라 현장에서 죽여 버려도 무방하다는 것입니다. 영화에서는 남편이 요셉을 감옥까지 보냈는데도 아내는 계속해서 남편 '보디발'에게 바가지를 긁습니다.

"당신은 나를 사랑하지 않아요! 정말 나를 사랑한다면 요셉을 죽여주세요."

그때 보디발은 아내의 얼굴을 때리면서 아내에게 이렇게 이야기합니다.

"야! 이 요사스러운 것 같으니. 네가 유혹을 했지! 네가 꼬리를 친 것이지! 요셉은 절대 그럴 사람이 아니야!"라는 것입니다.

요셉의 평소 삶이 어떠했는가를 충분히 알 수 있는 장면입니다. 마치 빛과 소금으로 살아가는 것이 어떤 것인가를 대표적으로 보여 주는 예라고 해도 과언이 아닐 것입니다. 빛과 소금의 삶은 어떤 경우에도 하나님과 사람 앞에 부끄럽지 않게 사는 삶입니다. 남을 위해 자신을 희생하며 인내하고 참습니다. 문제 있는 가정, 썩어져 가는 사회 집단, 심지어는 멸망해 가는 국가라 할지라도 빛과 소금의 역할을 충실히 감당하는 한 사람으로 인해 변화될 것입니다.

2. 세상을 향하여 소금의 영향력을 행사해야 합니다.

Q 〈마태복음〉 5장 13절을 적어 보세요.

소금이 된다는 것은 쉬운 일이 아닙니다. 빛이 된다는 것도 쉬운 일이 아닙니다. "소금과 빛"은 자신을 남에게 주면서 소모되고 닳아서 없어진다는 공통점이 있습니다. 그래서 나를 위한 삶이 아니라 타인을 위한 삶이 되는 것입니다. 주님은 우리를 향해 그런 삶을 살라고 말씀하십니다. "너희가 세상을 향하여 선한 영향을 끼쳐라. 소금과 빛이 되어라. 네가 소모되고 닳아 없어지면서 타인을 위한 삶을 살아라!"는 것입니다. 소금이라고 하는 것은 고대시대로부터 지금까지 우리에게 아주 소중한 물건임을 잘 알고 있습니다. 너무 흔하고, 가까이 있어서 그 소중함이 드러나지 않을 뿐입니다.

이 시대를 살아가는 대다수의 그리스도인은 세상이 악하고 문제가 있다는 것은 잘 알고 있습니다. 그러나 세상을 향하여 완벽히 녹아짐으로 세상을 썩지 않게 만들고, 그리스도인으로 참맛을 내는 데에는 관심이 없습니다. 세상을 향해서는 "문제가 있다. 악하다."라고 말은 하지만, 정작 세상을 부패하지 않도록 먼저 희생하고, 그리스도인의 참맛을 내지는 못한다는 것입니다.

'죠지 바나 리서치 센터'에서 기독교를 대상으로 '정직도'를 조사했습니다. 예수 믿는 사람과 믿지 않는 사람은 '정직도'에서 엄청난 차이가 나타날 것이라고 예상했습니다. 그러나 수치로 나타난 결과는 10~20%정도로, 큰 차이가 없었습니다. 그러면서 이렇게 이야기합니다. "그리스도인이 사회에 영향력을 가진 존재가 되기 위해서는 세상 사람과 최소한 40%이상의 격차는 나야 된다." 과연 우리의 '도덕적인 삶'과 '정직도'가 세상 사람들과 비교하여 40% 이상의 격차가 나는지 삶을 돌아보게 됩니다. 우리는 당연히 그렇게 되어야 합니다. 예수 믿는 사람이라면 손해를 볼 줄도 알아야 합니다. 너무 똑똑하고 완벽해서 찔러도 피 한 방울 안 날 것 같은 사람이 되어서는 안 됩니다. 때로는 바보가 될 필요도 있습니다. 알면서도 손해를 봐야 할 때도 있다는 것입니다.

그런데 그리스도인들은 너무 깍쟁이가 많습니다. 옛날에는 그리스도인이라고 하면 보증수표가 되었습니다. 현대의 그리스도인들은 말만 많고 깍쟁이처럼 자기 실속만 차리고 이기적으로 행동해 하나님의 영광을 가리고 있습니다. 부정과 부패로 몸살을 앓는 현대 사회에서 그리스도인만이라도 소금의 역할을 제대로 감당한다면 사회는 절대로 썩지 않을 것입니다.

Q **〈요한복음〉 12장 24절을 적어 봅시다.**

소금된 삶은 희생하고 없어지고 손해를 보는 것 같지만 먼저 하나님이 기억하시고, 세상의 사람들도 알게 될 것입니다.

3. 세상을 향하여 빛의 영향력을 행사해야 합니다.

성경 말씀은 세상을 향하여 크고 거창한 빛을 비추며 살라는 것이 아닙니다. 어떤 의미에서 보면 별빛과 같은 작은 빛이라도 우리가 속한 현장에서 비추며 살라는 뜻에 더 가깝습니다. 엄청난 빛을 비추는 태양의 의미보다는 어둡고 죄악 된 세상을 비추는 달과 별과 같은 존재가 되어야 한다고 말씀하는 것입니다.

Q **〈다니엘서〉 12장 3절을 적어 봅시다.**

〈창세기〉 22장에 보면 별은 희망과 꿈과 양심의 상징입니다. 그래서 옛날 사람들은 별을 보고 시를 쓰기도 하고, 선한 길과 진리의 길을 가리키기도 했습니다.

죽는 날까지 하늘을 우러러 한 점 부끄럼이 없기를
잎새에 이는 바람에도 나는 괴로워했다
별을 노래하는 마음으로 모든 죽어가는 것들을 사랑해야지
그리고 나한테 주어진 길을 걸어가야겠다
오늘 밤에도 별이 바람에 스치운다

위의 〈서시〉라는 시에서 작가는 별을 바라보면서 "나도 별처럼 살아야지, 죽어가고 어두워 가는 곳을 사랑하며 살아야지."라고 이야기합니다. 온 세상을 밝게 비추는 태양처럼 위대한 발광체는 될 수 없더라도 작은 별처럼, 밤하늘의 외로운 달빛처럼 어두움을 밝힐 수 있는 작은 빛이 되어야 합니다. 지금은 비록 어두움을 밝히며 소멸해 가는 작은 불빛일지라도 천국에서는 밝은 해와 같이 빛날 것을 기대하며 살아가야 합니다. 따라서 성도는 자기에게 속한 자리에서 맑은 하늘의 별빛처럼 어두운 곳의 등불이 되어야 하는 것입니다.

Q **〈마태복음〉 5장 14~16절을 적어 봅시다.**

빛을 비추는데 산 위에 있는 동네가 숨겨지지 못할 만큼 어두운 곳이 없도록 구석구석 비춥니다. 그리고 그 빛은 말 아래 두지 않습니다. 여기에서 말은 달리는 말(馬)이 아닙니다. 《표준 새번역》에는 '대박'이라고 말하는데, 그것도 아닙니다. 여기서 말하는 '말'은 이스라엘 백성들이 곡식을 측량할

때 사용하는 9리터 정도 들어가는 바가지 같은 모양의 그릇입니다.

"빛을 말 아래에 두지 아니하고 등경 위에 둔다."는 것은 당시 사람들의 생활 풍습에서 잘 이해할 수 있습니다. 당시에는 감람유를 이용해 불을 피워서 어두움을 밝혔습니다. 그러다가 바람이 불기라도 하면 불이 쉽게 잘 꺼졌습니다. 바람을 막기 위해 그 위에 말을 덮습니다. 위에 줄을 달고 말로 빛을 덮어 놓으면 아래의 공간을 통해서 빛이 나와 주위를 밝게 비출 수 있었던 것입니다. 빛을 말로 덮어 놓았기 때문에 덮지 않았을 때보다 밝지 못하고, 구석구석 어두운 곳이 생길 수밖에 없었습니다. 그래서 빛을 등경 위에 두라고 하는 것입니다. 온 방안에 구석진 곳이 없고, 막힌 곳이 없고, 어두움이 없도록 다 비추는 빛이 되기 위해 등경 위에 두라는 것입니다. 우리의 모습도 마찬가지입니다. 인생의 어느 한 부분이라도 어두운 부분이 있다면 참된 그리스도인이라고 할 수 없습니다.

어떤 사람은 자신이 빛이라고 하면서도 여전히 형제끼리 원수로 지내고 이웃과 갈등하기도 합니다. 고부 간의 갈등으로 가정을 힘들게 하는 사람도 있습니다. 맺지 못하는 부분들을 맺고 사는 사람도 있고, 여러 가지 해결하지 못한 부분을 붙잡고 있는 사람도 있습니다.

우리가 참된 그리스도인이라면 세상에 대해서 은밀하고, 음침하고, 더럽고, 어두운 부분을 남겨 놓지 말아야 합니다. 다 비추면서 살아가야 합니다.

어느 가정생활 세미나에서 한 목사님이 교인들을 향해, "여러분, 여러분에게 만약 인생이 한 달밖에 남지 않았다면 어떻게 사시겠습니까?"라는 질문을 던졌습니다.

첫 번째 성도는 이렇게 말했습니다. "저는 남은 기간 동안 열심히 전도하다가 천국 가겠습니다."

두 번째 성도는, "저는 남은 인생 동안에 마음껏 봉사하며 살다가 천국 가고 싶습니다." 그리고 세 번째 성도는 "저는 시어머니, 시누이와 함께 멀리 버스로 여행을 떠나겠습니다."라는 답을 했습니다. 참 의외입니다.

목사님은 그 이유가 궁금해서 다시 한 번 물었습니다. "왜 하필이면 시어머니와 시누이와 함께 여행을 가려고 합니까?"

그 세 번째 성도가 이렇게 대답을 하는 것이었습니다. "생각해 보세요. 시어머니와 시누이하고 여행을 가면 그 여행이 얼마나 지루하고 길게 느껴지겠습니까? 한 달의 시간을 제일 길게 살 수 있는 방법은 그것밖에 없습니다."

참 웃지 못 할 이야기입니다.

그리스도인들에게 사랑이란 아무런 조건과 이유가 없습니다. 아무리 상처를 주고 힘들게 했던 사람이라도 사랑해야만 하는 것이 그리스도인의 기본된 도리입니다.

우리의 남은 인생이 얼마인지 장담할 사람은 아무도 없습니다. 하나님은 우리에게 "너희들은 세상의 빛"이라고 하셨습니다. 우리의 모든 삶을 통틀어 세상을 구석구석 비추는 빛이 되어야 합니다. 세상 그 어느 누구도 가기 싫어하고, 비추기 싫어할 지라도 우리가 가서 그리스도의 진리의 빛을 환하게 비춰야 합니다. 우리가 함부로 자르고, 판단해서는 안 됩니다.

사람들은 어두운 곳, 가난한 곳, 문제 있는 곳에는 자기들이 희생하려고 하지 않습니다. 자기의 취향에 맞는 사람들과만 어울립니다. 지금 우리가 있는 곳이 엄청난 문제 가운데 있더라도 그곳을 벗어나려고만 해서는 안 됩니다. 오히려 내가 그곳을 비추어 변화시켜야 합니다. 힘들고 어려운 일은 우리가 하면 됩니다. 아무도 가지 않는 선교지에도 우리가 가면 됩니다. 지금의 형편이 깜깜한 어두움 가운데 있고 도저히 할 수 없을 것만 같아도 우리는 해야 합니다. 그리스도인으로서 세상 가운데 그리스도의 빛을 비추어야 합니다. 우리를 향한 주님의 말씀입니다.

4. 세상을 향하여 거룩한 존재로 살기를 결단해야 합니다.

사람들은 흔히 '거룩'이라고 하는 단어를 무겁고 조용하고 장엄하며 뭔가 범접할 수 없는 것이라고 생각합니다. '거룩'은 사람을 위해 희생하고, 세상을 향해 희생하고, 민족을 위해 희생하고, 가정을 향해 희생하는 것입니다. 마음껏 사랑을 베풀고 타인을 높여 주는 것입니다. 정말 어려운 것입니다.

'거룩'은 항상 밝고 긍정적이며 자족하기를 좋아하고 감사하고, 사랑이 많으며 타인에게 온유함과 따뜻함으로 대하며 자신이 드러나지 않을지라도 하늘나라의 상급을 바라보면서 모든 일에 충성하는 것입니다.

하나님은 우리를 향하여 소금과 빛이 되라고 말씀하셨습니다. 부족하고 연약하다 할지라도 우리 모두는 세상을 향하여 소금과 빛의 선한 영향력을 끼쳐야 합니다.

주님과 동행하기

1. 우리 모두는 세상 가운데 소금과 빛으로 보냄을 받은 사람들입니다

① 세상과 단절하고 살 수만은 없습니다.

성경은 우리를 향하여 세상과 접촉해야 한다고 말씀합니다. 사실상 많은 그리스도인이 세상에서 실패하고 있습니다. 교회에서는 인기 있고 신실한 사람입니다. 그러나 가정에서는 인기 없는 아버지와 어머니, 인기 없는 남편과 아내, 인기 없는 자녀와 부모입니다. 직장에서는 무능하고 인정받지 못합니다. 하나님은 우리를 향해 세상 가운데 파송되었다고 말씀하셨습니다. 그리고 여전히 세상과 접촉하여 세상을 변화시키라고 말씀하십니다.

② 챔피언으로 세상을 살아야 합니다.

담대한 호랑이같이 능력 있는 그리스도인이 되어야 합니다. 인정받는 그리스도인, 존경받는 그리스도인, 수많은 사람을 위해서 희생하고 섬기며 충성하는 그리스도인이 되어야 합니다. 가정 안에서 아내들은 존경받고 사랑받는 아내가 되어야 됩니다. 남편들도 최선을 다하여 가정을 책임져야 합니다. 자녀들에게 상처를 주고 인기 없는 부모가 되어서는 안 될 것입니다.

③ 소모되며 닳아가는 삶을 살아야 합니다.

앞서 이야기했듯이, 빛과 소금으로 살아간다는 것은 쉬운 일이 아닙니다. '소금과 빛'은 자신을 남에게 주면서 소모되고 닳아서 없어집니다. 그래서 나를 위한 삶이 아니라 타인을 위한 삶이 되는 것입니다. 주님은 우리를 향하여 그런 삶을 살라고 말씀하십니다. "너희가 세상을 향하여 선한 영향을 끼쳐라. 소금과 빛이 되어라. 네가 소모되고 닳아 없어지면서 타인을 위한 삶을 살아라!"는 것입니다.

2. 지금 나에게는 어떤 어두운 부분이 있습니까?

(작고 사소한 것이라도 함께 나누며 기도할 수 있기를 바랍니다)

3. 어떻게 하면 빛과 소금으로 살 수 있을까요?

(자신이 할 수 있는 일을 적고 실천해 봅시다.)

	구 분	실천 항목
1	이웃들과의 관계 속에서	· · ·
2	가정에서	· · ·
3	직장이나 학교에서	· · ·
4	교회에서	· · ·
5	소속된 단체에서	· · ·
6	자녀나 부모님과의 관계에서	· · ·
7	기타 개인적인 상황 속에서	· · ·

바리새인과 나

❖ 〈마태복음〉 5장 17~20절

17 내가 율법이나 선지자를 폐하러 온 줄로 생각하지 말라 폐하러 온 것이 아니요 완전하게 하려 함이라
18 진실로 너희에게 이르노니 천지가 없어지기 전에는 율법의 일점일획도 결코 없어지지 아니하고 다 이
루리라 19 그러므로 누구든지 이 계명 중의 지극히 작은 것 하나라도 버리고 또 그같이 사람을 가르치는
자는 천국에서 지극히 작다 일컬음을 받을 것이요 누구든지 이를 행하며 가르치는 자는 천국에서 크다 일
컬음을 받으리라 20 내가 너희에게 이르노니 너희 의가 서기관과 바리새인보다 더 낫지 못하면 결코 천
국에 들어가지 못하리라

세상 돌아보기

가정, 학교, 직장, 교회 그 밖의 여러 사회에서 우리의 위치와 신분은 각각 다르게 나타납니다. 그러나 우리는 결국 하나님의 자녀이며, 피조물일 수밖에 없습니다. 나를 둘러싸고 있는 수많은 껍데기가 무엇인지 살펴봅시다.

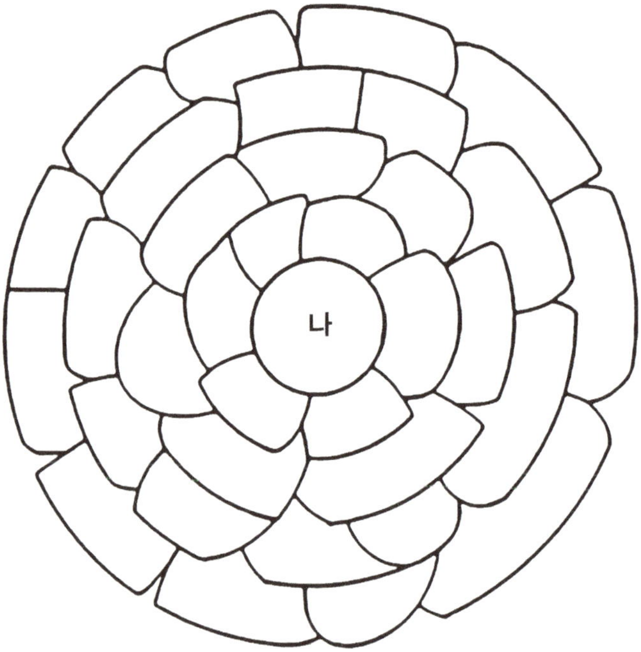

주님 알아가기

성적이 안 좋은 프로야구 선수가 있었습니다. 어느 날 시합에 참가하기 위해 출발하는데, 선수의 아내가 십자가 목걸이를 걸어 주며, "여보 이 목걸이가 당신에게 행운을 가져다 줄 거예요! 당신은 오늘 시합에서 정말 좋은 성적을 낼 거예요."라고 말했습니다.

그런데 이상하게 그날따라 경기가 너무 잘 풀리는 것이었습니다. 4타수 4안타에 홈런 두 방을 때렸습니다. 경기 MVP로 선정되기까지 했습니다.

다음날에도 또 십자가 목걸이를 하고 경기에 임했습니다. 역시 4타수 4안타를 쳤습니다.

"야! 십자가 목걸이가 정말 대단하구나!"

그렇게 목걸이가 신령한 힘이 있다고 생각하게 되었습니다. 안타를 칠 때마다 십자가 목걸이에 키스를 하고 목걸이 때문에 경기가 잘 풀린다고 생각하게 되었습니다.

그리고 며칠 후 또 시합을 나갔습니다. 그런데 어떻게 된 일인지 안타 하나도 못치고 시합을 엉망으로 마쳤습니다.

"아차! 목걸이를 안 하고 나왔네! 아! 역시 지금까지는 십자가 목걸이 때문에 경기가 잘 풀렸던 것이야! 십자가 목걸이가 없으니 아무것도 안 되잖아!"

십자가 목걸이를 하지 않고 시합에 나갔던 것입니다. 그 선수는 십자가 목걸이가 자신의 시합을 좌우한다고 믿게 되었습니다.

많은 생각을 하게 만드는 이야기입니다. 하나님을 잘못 알고, 잘못 믿는 모습입니다. 십자가 그 자체는 우리 인생을 좌우하는 어떤 결정적인 역할을 할 수 없습니다. 십자가가 우리에게 복을 가져다 주는 것이 아닙니다. 십자가는 세상 사람들이 생각하는 그런 부적 같은 도구가 아닙니다. 잘못된 지식과 종교 행위로 오히려 저주거리가 되는 경우를 보게 됩니다.

1. 율법을 잘못 적용하는 율법주의가 문제입니다.

① 율법은 하나님의 말씀대로 살지 않을 때 저주받을 일이 됩니다.

Q 〈갈라디아서〉 3장 10절 말씀을 기록해 보세요.

율법은 우리가 하나님의 말씀대로 살지 않을 때 그것이 저주받을 일이라고 이야기합니다. 오히려 율법의 행위가 우리에게 복을 주고 우리를 구원한다는 생각이 저주거리가 된다는 것입니다.

② 문제는 율법주의입니다.

Q 〈마태복음〉 15장 3절 말씀을 기록해 보세요.

율법 자체는 잘못된 것이 아닙니다. 율법을 잘못 적용하는 율법주의가 문제입니다. 율법은 하나님에게로부터 내려온 법입니다. 그러므로 우리 모두는 이 세상 끝까지 우리에게 주어진 율법을 지켜야 합니다.

예수님 당시의 율법은 도덕과 신앙, 심지어는 사회법을 총망라한 절대적인 법이었습니다. 세상법도 필요 없었습니다. 사람을 죽이기도 하고 살리기도 했습니다. 당시 서기관과 바리새인들은 성경을 쓰며 사람들에게 성경을 가르치기도 했습니다.

율법은 십계명이 기초가 되기 때문에 그 자체는 아무 문제가 없습니다. 그러나 유대인들은 율법을 너무 열심히 지키다 보니 잘못된 극단주의에 빠지게 되었고, 하나님 말씀과 상관없는 율법을 계속 만들었던 것입니다.

사람들이 반드시 지켜야 할 율법 조항은 248가지입니다. 그리고 사람들이 하지 말아야 할 것이 365가지가 있습니다. 그래서 총 613가지의 율법이 정해지게 되었습니다. 또한 613가지 율법에서 그것을 지켜야 된다고 하는 조항이 2,134가지나 된다고 합니다. 보통 사람들은 무엇이 율법인지도 모릅니다.

율법은 2000년 전부터 지금까지 계속해서 만들어지고 있습니다. 현재도 이스라엘에 가면 과거의 바리새인들처럼 랍비들이 율법을 연구하고 검토합니다. 심지어 회당에서는 율법학자들과 랍비들 그리고 바리새인들이 국가 정책도 논의합니다. 국가의 법을 바꾸거나 전쟁을 해야 할지 말아야 할지도 그들이 관여하는 것입니다. 지금도 수상이 정책을 결정할 때는 항상 랍비들이 옆에 있습니다.

그들이 만든 율법에는 말도 안 되는 것이 너무나 많습니다. 안식일에는 엘리베이터가 층층마다 저절로 섭니다. 버튼을 누르는 것조차 노동이라고 생각하는 것입니다. 소변금지 지역에서 소변을 보면 율법을 어기는 것입니다. 랍비 회의에서 어떤 사람이 소변금지 지역에서 대변을 보면 어떻게 되느냐고 질문했습니다. 당연히 소변이 금지면 대변도 금지되어야 할 것입니다. 그러나 "무죄"라는 어리석은 결정을 내렸다고 합니다. 창문에서 책을 들고 있다가 비가 와 안으로 들여놓으면 죄입니다. 책을 읽는데 6장까지 읽으면 죄가 아니고 6장을 넘게 되면 죄입니다. 실수로 두 장을 넘기면 죄를 짓게 되는 것입니다. 최근에는 여성들이 다이어트를 할 때 몇 kg까지 빼는 것은 죄고 몇 kg까지 빼는 것은 죄가 아니냐는 결정까지 한다고 합니다.

정말 어린아이 장난 같습니다. 자기들이 정한 2,000가지에서 수만 가지나 되는 율법으로 사람들을 힘들게 하고 있습니다. 그렇다고 누구 하나 감히 바리새인과 서기관들에게 대항할 수도 없습니다. 대항하는 것은 곧 배교요 죽음이기 때문입니다. 구원과 복이 율법을 지키는 것에서부터 시작된다고 믿기 때문입니다.

주님 바라보기

《예수의 첫 수업》이라는 책에는 이런 내용이 있습니다. 마음씨 착한 한 여자가 결혼을 했습니다. 그녀에게는 단란한 가정을 꾸려가려는 소박한 꿈이 있었습니다. 그런데 남편은 그렇지 않았던 것 같습니다. 남편은 출근할 때마다 아내가 오늘 중으로 해야 할 일의 목록을 적어 주면서 다 해 놓으라는 것입니다.

아내는 정말 고통스러웠습니다. 일의 양이 너무 많아 힘들었고, 일에 대한 부담이 고통스러웠습니다. 항상 남편이 퇴근해서 확인하면 어떻게 할까 걱정하며 살았습니다.

그러던 어느 날 남편이 돌발 사고로 죽었습니다. 그리고 몇 년이 흐른 뒤 여인은 정말 따뜻하고 인격적인 남자를 만나 재혼했습니다. 남편은 항상 아내를 배려했습니다. 모든 상황을 이해해 주고 인격적으로 대우해 주었습니다. 여인은 편안한 마음으로 자신의 일을 충실히 감당하며 결혼 생활을 즐겼습니다.

"이것 좀 하세요. 저것 좀 하세요. 좀 더 청소를 잘 하세요. 음식 맛이 왜 이래요?" 남편을 통해 이런 말 한 마디 듣지 않았지만 여인은 궂은일도 마다하지 않고 최선을 다해 남편을 섬겼고, 가정을 가꾸었습니다. 그것이 너무 즐겁고 행복했기 때문입니다. 하루는 우연히 지하실에 갔다가 옛날 전 남편이 시켰던 일의 목록을 적어 놓은 노트를 보게 되었습니다. 아내는 한숨을 내쉬며 과거 죽은 남편에게 이렇게 이야기했습니다.

"이 사람아! 지금은 그때보다 더 많은 일을 하지만 하나도 힘들지 않고 행복하기만 하다."

이것이 기독교의 진수입니다. 성경이 우리에게 주신 말씀은 오히려 율법을 사랑하라는 것입니다.

예수님의 사역은 이렇게 터무니없는 법 아래서 백성들이 억눌리고 고통받고 있을 때 시작되었습니다.

1. 예수님은 율법을 온전하게 하셨습니다.

Q 〈마태복음〉 5장 17절 말씀을 기록해 보세요.

바리새인들은 긴 옷에 수술이 달린 옷을 입고 다녔습니다. 그리고 거룩한 척을 하며 사람들이 많은 시장에서 두 손을 들고 기도하기를 매우 좋아했습니다.

"주여! 나는 주님 앞에 안식일을 지키고 일주일에 2번은 금식했습니다. 나는 십일조도 정확하게 드리며 율법을 완벽하게 지켰습니다. 오! 주여, 나를 생각하소서!"

그렇지만 그러한 그들의 믿음에는 능력이 없습니다. 믿음의 본질을 알지도 못하면서 가식적으로 거룩한 척하는 그들에게는 하나님의 능력과 성령의 역사가 절대로 나타나지 않습니다.

그러나 예수님은 달랐습니다. 예수님이 가시는 곳은 수많은 기적과 능력이 임하고 병자가 나음을 입었습니다. 무너지고 상처 받은 모든 것이 회복되는 역사가 일어났습니다.

오늘날도 마찬가지입니다. 숨이 막힐 만큼 율법을 중요시하는 교회가 많습니다. 바리새인과 율법주의자처럼 살아가는 사람들이 많습니다. 아무런 능력도 나타나지 않습니다. 기적도 없고 은혜도 없습니다. 성령의 능력을 체험하지 못하고 종교인처럼 법을 지키는 일에 얽매여 살아갑니다. 참된 기쁨과 감사를 경험하지도 못하고 하루하루를 살아가는 것입니다.

예수를 믿는다는 것은 그분의 능력과 함께한다는 것입니다. 신앙은 파워풀(powerful)한 것입니다. 믿음의 기도 가운데 병자도 나음을 입고 삶의 모습도 바뀌고 기적과 같은 은혜도 경험하게 됩니다. 살아 계신 하나님을 온몸으로 체험하고 불과 같은 은혜로 신앙인이 되는 것입니다.

① 예수님의 사역은 기쁨과 감사가 넘치는 사역이었습니다.

예수님의 사역은 늘 위로가 있었고 모여 즐기기를 좋아하셨습니다. 죄인들이나 세리들과 함께 식사 자리를 가지기도 하셨습니다.

하나님의 말씀과 율법은 지켜야 하는 것이 당연합니다. 그러나 주님은 율법주의자로서 고통받으면서 사는 것을 원치 않으십니다.

② 예수님의 사역은 능력과 기적이 충만한 사역이었습니다.

예수님은 손 마른 자를 고치셨습니다. 안식일에 다른 수많은 병자를 고치셨습니다. 당시 백성들도 착각하고 있었을 것입니다. 율법을 지키지 않는 예수님의 사역을 보면서 앞으로 율법을 지키지 않아도 될 것이라는 기대를 가지고 있었을 것입니다.

613가지의 율법 중에 가장 중요하게 여기는 것은 안식일에 관한 법이었습니다. 예수님과 제자들은 안식일에 밀밭 사이로 지나가면서 밀을 잘라서 손으로 비벼 먹었습니다. 밀을 계속 씹으면 끈적끈적한 성분이 나와서 껌같이 됩니다. 배고픈 사람에게는 허기를 조금이나마 면하는 데 도움이 됩니다. 아마 제자들도 배가 고팠던 것 같습니다.

당시 율법은 그 정도는 용납했던 것 같습니다. 배고픈 자가 길을 가면서 배를 채우는 정도는 허용했다는 것입니다. 그런데 안식일에 하면 '죄'라는 것입니다. 이것은 모순입니다. 남의 것을 손댄 것은 오늘도 죄고 내일도 죄입니다. 그것이 허용된다면, 안식일에도 배가 고프면 먹어야 합니다.

서기관과 바리새인들이 화를 내면서 예수님에게 항의를 합니다.

"당신은 안식일을 어겼어!"

그러나 예수님은 손 마른 자를 고치셨습니다. 안식일에 다른 수많은 병자를 고치셨습니다. 당시 백성들도 착각하고 있었을 것입니다.

"예수님은 앞으로 율법을 폐기해 버리겠구나! 이제는 그 지긋지긋한 율법에서 조금 자유로워지겠지."

그러나 예수님의 말씀은 그것이 아니었습니다.

Q 〈마태복음〉 5장 17~18절 말씀을 기록해 보세요.

우주가 존재하는 동안 성경의 율법은 없어지지 않을 것을 말씀하십니다. 주님은 율법을 높이 평가하셨습니다. 율법의 절대권위도 인정하셨습니다. "일점일획"이라고 하는 것은 히브리어로 '요트'라고 합니다. 즉 '점 하나도 없어지지 않는다'는 의미입니다. 아무리 세상이 변했다 해도 '하나님이 우리에게 주신 율법의 울타리가 변하는 것이 아니다.'라는 말씀입니다.

③ 예수님의 사역은 율법을 성숙하게 만드는 사역이었습니다.

예수님은 율법을 성숙하게 만들고 완전하게 만들기 위해 오셨습니다. 안 지켜도 되는 율법을 만드신 것이 아니라 더 잘 지키고 올바로 세우기를 원하셨습니다. 다만 잘못 지켜지는 율법을 책망하시는 것입니다.

Q 〈마태복음〉 22장 37절 말씀을 기록해 보세요.

무엇보다도 하나님을 사랑하고 이웃을 진심으로 사랑하는 것이 중요합니다. 그때는 진실되게 살라고 하지 않아도 진실되게 살고, 모든 율법을 지키라고 말하지 않아도 지킵니다. 하나님을 진정으로 사랑하며 안식일을 거룩히 지키고 삶의 예배로 주님을 영화롭게 해 드립니다. 하나님을 진정으로 사랑하게 되면 삶에 기쁨과 감사함이 넘치게 되고 지켜야 할 규례와 율법도 더 잘 지킨다는 것입니다. 그제야 율법이 성숙해지고 온전히 완성되어 가는 것입니다. 잘못된 것은 율법의 참된 본질은 이해하지 못하고 율법주의자로 사람을 괴롭히고, 자기 자신도 억제하며 사는 것입니다.

2. 잘못된 율법의 경우

① 율법 폐기주의자들입니다.

율법을 무조건 배척하고 싫어하는 경우입니다. 율법의 '바운더리'는 무거운 짐이 아니라 우리를 지키는 하나님의 영역임을 깨닫는 것입니다. 그것은 하나님이 우리를 괴롭히려고 하는 것이 아니라 우리가 이 땅에서 살면서 그리스도인이라고 하는 삶의 영역을 정해주신 것입니다.

초대 이단 중에 '말시온((Marcion)'이는 집단이 있습니다. 그들은 극단적인 복음주의자입니다. 율법과 구약의 모든 것을 거부합니다. 심지어는 신약성경에 인용된 구약의 말씀이 있다면 그것도 거부합니다. 이미 예수 그리스도를 믿으면 구원을 받았는데 더 이상 지킬 필요가 있느냐는 것입니다. 결국 극단적인 복음주의 이단에 빠져 버립니다. 그들은 율법을 주신 분이 하나님이란 사실을 깨닫지 못했습니다.

오늘날도 이러한 말시온과 같은 이들이 많습니다. 자유주의 신앙인과 신학자들을 바라보면 율법이 예수 믿는 것과 아무런 상관이 없는 것처럼 치부합니다. 예수를 믿으면 누구나 구원을 받기 때문에 성경에 나타나는 구원과 상관없는 어떤 것도 하지 않아도 된다는 것입니다. 술이나 담배도 하나님이 만드신 것이기 때문에 그것을 허용한다고 구원받지 못하는 것이 아니라는 것입니다. 주일을 한번 빠진다든가 십일조를 하지 않는 것은 구원과는 아무런 상관이 없다는 것입니다. 하나님의 율법과 하나님이 우리에게 주신 '바운더리'를 스스로가 깨버리면 행복할 것 같지만 그렇지 않습니다. 그것을 부러워하는 사람들도 많습니다.

② 율법주의자들입니다.

Q 〈마태복음〉 23장 27~28절을 적어 보세요.

본질이 아닌 비본질에 목숨을 겁니다. 행위로 거룩함을 얻는다고 생각 합니다. 그래서 바리새인이라는 이름의 뜻 자체도 깊이 살펴보면 '위선자'라는 의미가 있습니다. 사람들이 보기에는 굉장히 의롭게 보이지만 실제로 그 속은 썩었고 위선으로 가득 차 있는 것입니다. 그러면서 율법과 안식일을 잘 지키고 그들이 정해 놓은 규례를 어기지 않는 것을 자랑합니다. 그렇게 떳떳하다고 말하지만 실상은 심각한 문제가 숨겨져 있습니다. 마음은 온갖 탐욕으로 가득 차 있고, 고아를 압제하고 과부들의 재물을 탈취합니다. 한마디로 겉과 속이 다른 사람입니다. 그래서 주님은 그들을 보며 크게 분노하신 것입니다.

정말 우리는 이 시대의 바리새인이 되어서는 안 됩니다. 겉으로는 신앙생활을 하는 것 같지만 속에는 세상 사람과 다를 바가 하나도 없는 겉과 속이 다른 그리스도인이 되어서는 안 됩니다. 하나님은 우리의 중심을 보십니다. 진정한 구별됨 속에서 거룩한 삶의 변화를 보십니다. 율법주의자들은 그런 하나님과 말씀의 참된 의미를 깨닫지 못하고 자의로 잘못 해석합니다. 성경은 있는 그대로 해석해야 되고, 그 말씀에 영적인 의미를 찾아야 될 때도 있고, 시대에 맞추어야 될 때도 있습니다.

주님은 위선자와 율법주의자들을 가장 싫어하십니다. 예수님은 그런 자들에게 "독사의 자식들아 너희들은 믿음 생활한다고 생각하느냐 나는 너희들의 예배를 받은 적이 없다."라고 말씀하셨습니다. 속에는 온갖 더러운 것이 가득합니다. 여기저기서 말이 다릅니다. 해서는 안 될 일들을 행하고, 시기하며 질투하고, 원망하며 불평합니다. 편법을 일삼고, 사람들을 이간질하며 겉과 속이 다른 모습을 적나라하게 보여 줍니다. 그러면서도 교회 가서 예배드리고, 직분 받고 아무 문제 없는 것처럼 행동합니다. 예수님의 말씀처럼 '독사의 자식들'이 아닐 수 없습니다.

3. 우리는 서기관과 바리새인보다 더 나은 삶을 살아야 합니다.

Q **〈마태복음〉 5장 20절 말씀을 기록해 보세요**

선한 행위로 천국에 간다는 것이 아닙니다. 종교 행위로는 절대 천국에 갈 수 없으며, 비신앙적인 삶을 살지 말라고 하는 경고입니다. 이것은 많은 계명과 율법을 모두 지켜야 된다는 의미가 아닙니다. 바리새인들보다 율법을 많이 지키고 그들보다 더 많은 율법을 만들라는 말씀이 아닙니다. 사실상 우리는 그들보다 율법을 더 잘 지킬 수 없습니다. 그래서 주님은 우리가 지킬 수 있는 율법의 새로운 의를 주셨습니다.

Q **〈마태복음〉 22장 37~40절 말씀을 기록해 보세요.**

우리가 진정으로 하나님을 사랑하고, 우리의 이웃을 자기 몸 같이 사랑할 때 율법은 저절로 지켜지는 것입니다. 바리새인들은 그러한 율법의 본질을 무시했습니다. 주님이 회칠한 무덤이라고 책망하시는 데도 회개하지 않고, 세리와 죄인들과 식사하는 모습을 꼬투리 잡고 안식일을 범했다고 소리 쳤습니다. 심지어는 예수님을 율법을 범한 '율법 폐기론자'로 치부해 버렸습니다.

"예수의 제자들은 금식도 하지 않는다. 안식일을 지키지도 않는다!"

안식일에 밀 이삭을 먹고, 병 고치는 모든 것에 대해 비판하는 것입니다.

그때 예수님은 이렇게 말씀하셨습니다.

"안식일은 선을 행하는 날이며, 안식일은 생명을 살리는 날이란다!"

주님과 동행하기

1. 우리 생각의 틀을 너무 믿어서는 안 됩니다.

우리의 지식은 우리가 가진 사고의 틀에서 제한적일 수밖에 없습니다. 우리가 하는 신앙생활, 우리가 알고 있는 친구, 지역, 문화, 우리가 아는 그 모든 것이 전부라고 생각할 때가 많습니다. 그러나 우리가 가진 지식은 일부에 지나지 않습니다.

① 진리는 성경 말씀입니다.

지금으로부터 약 80년 전, 미국의 어느 교회에서 있었던 이야기입니다. 전통적인 장로교회로 그들이 드리는 예배는 엄격했습니다. 예배에 참석하는 모든 사람은 정장을 입어야 했습니다. 여성의 경우에도 정상적인 치마를 입지 않으면 예배에 참석하지 못했습니다.

그러던 어느 날 거칠게 보이는 한 청년이 급하게 예배당에 들어왔습니다. 청년은 술이 금방 깬 듯 냄새가 풍기고 머리는 헝클어져 있었고, 청바지에 티셔츠는 단추가 몇 개씩 풀린 상태였습니다. 들어와서 자리를 찾아 앉으려 했지만 빈 자리가 없었습니다. 청년은 복도로 뚜벅뚜벅 걸어 나오더니 강대상 앞부분에 풀썩 주저앉았습니다. 사람들은 저마다 인상을 쓰며 웅성거렸습니다.

"어떻게 저런 모습으로 예배 드리러 왔을까?"

"저것 좀 봐~ 아직 술도 덜 깬 것 같아!"

그때 그 교회에서 가장 나이 많고 존경받는 장로님 한 분이 자리에서 일어났습니다. 그리고 자기 성경책을 들고 청년이 앉아 있는 곳으로 가 그 옆에 앉았습니다. 청년에게 성경을 펼쳐 주며 같이 예배를 드렸습니다. 만약 그 장로님이 안 계셨다면 모든 사람은 청년을 손가락질하며 정죄 했을 것입니다. 영원히 그 청년의 영혼을 잃어버렸을 것입니다.
진리가 아닌 부분에서 생각의 틀을 벗어난 한 분의 장로님 덕분에 청년은 교회에 정착하게 되었고 예수 그리스도를 마음으로 믿고 입으로 시인하여 후일 교회에 훌륭한 일꾼이 될 수 있었다고 합니다.

우리 생각의 틀이 다른 사람에게 상처가 될 때가 있습니다. 생각의 틀이 사람을 죽일 때도 있습니다. 확신의 문제도 깨어야 됩니다. 우리는 너무 자기 것에 대한 확신이 많습니다. 진리의 문제가 아니면 생각의 틀을 깨어야 합니다. 사람들이 선호하고 좋아하는 것은 모두 차이가 있을 뿐입니다. 그것이 절대적인 생각과 기준이 될 수는 없는 것입니다. 우리 생각의 틀을 벗어나 성경이 말하는 참 진리를 바라보아야 합니다.

② 사람을 살리고 사랑하는 결정을 해야 합니다.

바리새인들에게는 구원이 없습니다. 생명도 없습니다. 인격과 관심도 없습니다. 사람이 살든지 죽든지 혹은 상처를 받든지 상관하지 않습니다. 과연 하나님이 원하시는 모습일까요?

우리 삶의 매 순간마다 결정해야 할 문제가 있다면 사람에게 상처를 주는 결정이 아니라 위로하기 위한 결정이어야 합니다. 사람을 죽이는 결정이 아니라 사람을 살리는 결정을 해야 합니다.

③ 복음으로 우리의 생각을 바꾸어야 합니다.

예수를 믿는 것은 신랑과 함께하는 삶으로 기쁨이 넘치는 삶입니다. 행복한 잔치이고 능력이 넘치는 삶입니다.

고통 없고 질고와 염려없이 사는 사람은 없습니다. 그래도 실망하지 않을 것은 이 땅은 우리가 영원히 살아갈 본향이 아니기 때문입니다. 항상 그 이름을 찬양하고 어떠한 일에도 자족하고 모든 순간 감사하며 살아야 합니다. 말씀을 따라 최선을 다해 하나님 사랑하고, 이웃을 사랑해야 합니다. 그 때 율법을 지키려는 헛된 노력은 사라질 것입니다. 모든 율법을 완성하신 예수 그리스도를 따라가다 보면 율법은 저절로 지켜질 것입니다.

우리 모두는 이 시대의 바리새인이 되지 말고, 천국에 가는 그 순간까지 하나님의 자녀로 구별된 삶을 살며 하나님이 주신 율법의 바운더리 안에서 말씀을 잘 지키며 기쁨과 감사로 날마다 은혜 가운데 살아야 합니다.

2. 나의 인생 간증문

빈 종이에 예수 믿고 변화된 인생에 대해서 간증문을 써 봅시다. 함께 나누고 변화된 자신의 삶을 바라보며 앞으로 더 성숙한 그리스도인으로 세워지길 기도합시다.

분노의 화로를 주의하라

✣ 〈마태복음〉 5장 21~26절

21 옛 사람에게 말한 바 살인하지 말라 누구든지 살인하면 심판을 받게 되리라 하였다는 것을 너희가 들
었으나 22 나는 너희에게 이르노니 형제에게 노하는 자마다 심판을 받게 되고 형제를 대하여 라가라 하
는 자는 공회에 잡혀가게 되고 미련한 놈이라 하는 자는 지옥 불에 들어가게 되리라 23 그러므로 예물을
제단에 드리려다가 거기서 네 형제에게 원망들을 만한 일이 있는 것이 생각나거든 24 예물을 제단 앞에
두고 먼저 가서 형제와 화목하고 그 후에 와서 예물을 드리라 25 너를 고발하는 자와 함께 길에 있을 때에
급히 사화하라 그 고발하는 자가 너를 재판관에게 내어 주고 재판관이 옥리에게 내어 주어 옥에 가둘까
염려하라 26 진실로 네게 이르노니 네가 한 푼이라도 남김이 없이 다 갚기 전에는 결코 거기서 나오지 못
하리라

세상 돌아보기

• **문장 완성하기**

하나님은 우리에게 귀중한 시간, 즉 살아갈 시간을 주셨습니다. 주어진 귀중한 시간에 대한 다음 문장을 완성하고 나누어 봅시다.

1. 내게 있어서 가장 즐거운 시간은 ______이다.

· 조용히 혼자 집에서 저녁 시간을 보낼 때
· 긴 하루가 끝나고 목욕을 할 때
· 맛있는 음식을 먹을 때
· 상쾌한 날 산책할 때
· 좋은 영화를 볼 때
· 좋은 책을 읽을 때
· 밤에 외출할 때
· 낚시나 하이킹을 할 때

· 친구와 쇼핑할 때
· 친구들을 만나러 갈 때
· 흥미로운 운동 경기를 관람할 때
· 유명한 콘서트에 갈 때
· 내가 가장 좋아하는 게임이나 운동을 할 때
· 열심히 일할 때

2. 나의 하루를 망치는 것은 ______ 이다.

· 우울한 날씨
· 감정의 동요
· 지루한 일이나 수업
· 교통 체증
· 타인과의 갈등
· 주말에 혼자 있는 것

3. 내게 남은 시간이 3개월밖에 없다면 나는 ______ 을 하면서 시간을 보낼 것이다.

· 지금 현재와 변함없이 그대로 산다.
· 세상을 두루 구경한다.
· 중요한 계획을 세워 마친다.
· 파티를 연다.
· 내가 가진 돈을 전부 다 써 버린다.
· 매우 분노한다.
· 모든 사람을 더욱 사랑한다.
· 모든 것을 포기한다.
· 친구나 가족들과 시간을 보낸다.
· 에베레스트 산을 오른다.
· 하나님을 위해 할 수 있는 모든 것을 한다.
· 회고록을 쓴다.

주님 알아가기

다음은 〈작은 분노〉라고 하는 글에 소개된 실화입니다.

매년 아내의 생일을 기억하지 못하는 남편이 있었습니다. 남편이 하루는 아내에게 말했습니다.

"여보, 올해는 당신의 생일을 반드시 기억해서 맛있는 미역국을 꼭 끓여 줄게."

그러나 계속되는 바쁜 일로 인해 그 해도 역시 아내의 생일을 잊어버리고 지나갔습니다. 많은 기대를 했던 아내는 더 큰 실망과 남편에 대한 섭섭함으로 무척 화가 났습니다. 그래서 아내는 제발 좀 기억하고 자신의 잘못을 깨달으라고 다음 날부터 한 달 동안 아무것도 넣지 않는 생 미역국만 남편에게 끓여 주었다고 합니다.

우리는 인생을 살아가면서 의외로 크고 작은 일로 화를 낼 때가 많이 있습니다. 화가 나기 시작하면 가슴이 두근거리고 맥박이 빨라지면서 코에서 뜨거운 바람이 나옵니다.

분노는 주변 사람뿐만 아니라 자기 자신을 힘들게 하고 고통스럽게 합니다. 우리의 실제 생활 속에서도 많이 경험합니다. 마귀는 분노를 통해 수많은 인간관계를 부수고, 가정을 깨뜨리고, 우리 개인을 파멸의 길로 이끌어 갑니다.

1. 모든 분노가 다 잘못된 것은 아닙니다.

Q 구약성경에서 하나님은 과연 몇 번이나 분노하였을까요?

① 하나님의 분노는 우리가 하는 분노와 다릅니다.

Q 〈민수기〉 14장 18절 말씀을 기록해 보세요.

하나님의 분노는 '의분'이라고 할 수 있습니다. '의로운 분노'라는 것입니다. 불의를 보고 참지 못하는 것과 불의에 빠지지 않기 위한 분노가 의로운 분노입니다.

② 예수님도 의로운 분노를 내셨습니다.

Q 〈요한복음〉 2장 14~15절 말씀을 기록해 보세요.

2. 분노는 잘못된 죄입니다.

어떤 그리스도인 부부가 아침에 교회 가는 것 때문에 다투었습니다. 남편이 화가 나서 소리를 지르자 아내는 토라져서 말도 하지 않습니다. 예배시간이 다 되었고, 그들은 예배당 앞에 도착했습니다. 남편이 말을 합니다.
"이제 그만하고 예배 마치고 나서 다시 보자."
이것은 바리새인들과 같은 사고방식입니다. 1차전은 그만 끝내고 예배 후에 2차전을 이어서 하자는 것입니다. 그런 마음으로 드리는 예배는 절대 예배가 될 수 없습니다.

이 장의 말씀인 〈마태복음〉 5장에 언급된 분노는 잘못된 분노입니다. 많은 성도는 사람을 죽였거나 남에게 큰 해를 끼치는 것만이 죄라고 생각하고 회개합니다. 그러나 마음에 품었던 분노와 남을 멸시한 것에 대해서는 죄라고 생각하지 않습니다.

"내가 살인죄를 지었다. 하나님의 말씀의 어겼다."라고 생각하지 않는다는 것입니다. 그러나 분노하는 것은 우리에게 잘못된 죄라고 하나님이 분명히 말씀하셨습니다. 그렇게 인식하지 못하는 이유는 아직 우리 가운데 있는 바리새인적인 사고방식 때문입니다. 성문법적으로 법에 있는 살인죄나 사람에게 고통을 주어서 죽이지 않는 한 살인죄를 범하였다고 생각하지 않기 때문에 우리는 쉽게 분노하고 마음속에 죄를 짓고 살아갑니다.

주님 바라보기

어릴 적 화로에 대한 추억이 있습니다. 할아버지 방에 가면 늘 따뜻했고, 그곳에는 화로가 있었습니다. 아버지나 우리 방에는 감히 가져다 둘 생각조차 할 수 없는 귀한 물건이었습니다. 할아버지는 늘 화로 앞에 앉으셔서 손자가 들어오면 군밤이나 옥수수를 구워 주셨습니다. 때로는 인두를 달구어 옷을 다리기도 하셨습니다. 할아버지 방은 화로 때문에 항상 따뜻했습니다. 그러나 귀한 손자들이 방에 들어오면 할아버지는 늘 이 말씀을 먼저 하셨습니다.

"애야. 조심해라. 조심해라. 큰일 난단다. 너무 가까이 가면 안 된다."

철없는 손자들이 화로 앞에서 장난을 치다가 혹시라도 화상을 입게 될까봐 걱정을 하시는 것입니다. 손자들은 할아버지의 말씀을 기억합니다.

"야 화로는 정말 무섭구나."

따뜻하고 유익하기만 했던 화로가 만일 넘어지거나 쏟아지기라도 하면 순식간에 큰 불을 낼 수도 있다는 것입니다.

분노도 마찬가지입니다. 사람은 살아가면서 누구나 분노하고 화를 낼 수 있습니다. 그 분노의 화로를 우리가 잘 다스릴 수만 있다면 그것은 참으로 아름답고 유익한 의분이 될 것입니다. 하지만 그 분노를 다스리지 못하고 주의하지 못할 때는 화롯불처럼 쏟아지고 낭패를 당하고 심지어는 모든 것을 앗아가버리는 완전한 파멸의 길을 걸을 수 있다는 것입니다.

1. 분노의 정체와 원인에 대해서 알아봅시다.

Q 〈마태복음〉 5장 21~22절 말씀을 기록해 보세요.

예수님은 우리 마음의 중심을 보고 계십니다. 우리를 향하여 지키기를 원하시는 "살인하지 말라."는 계명이 우리의 생각보다 엄청나게 포괄적이라는 것을 알 수 있습니다. 말씀에 따른다면 세상에 살인하지 않은 사람은 한 사람도 없다는 사실입니다.

① 단어의 뜻

헬라어에서 '화를 낸다 분노한다.'는 단어는 두 가지로 사용됩니다.

투모스

'투모스'라는 이 단어는 가랑잎을 불에 태워 보면 활활 타다가 갑자기 확 사라져 버리는 것처럼 자기도 모르게 불끈 화를 내어 나쁜 기분이 확 폭발하다가 금방 사라져 버리는 것을 말합니다.

오르게

'오르게'라는 단어는 한번 화를 내면 그 화를 풀지 않고 계속해서 마음속에 담아 두고 "어디 두고 보자."라고 그 화를 키워 나가는 것입니다. 이것이 나중에는 증오로 발전하여 폭발하는 것입니다.

Q 본문에서 예수님이 말씀하시는 분노는 '오르게'일까요? '투모스'일까요?

본문에서 예수님이 말씀하시는 것은 '투모스'를 이야기하는 것이 아닙니다. 바로 '오르게'에 대한 분노를 말씀하고 있습니다. 크든 작든 간에 우리의 마음에 미워하는 마음과 분노하는 마음과 남을 멸시하는 마음들이 씨앗으로 남아 있다면 예수님은 그 자체를 죄로 본다는 것입니다. 예수님은 '오르게'의 분노를 살인죄와 동일하게 생각하고 있습니다.

② 분노는 가까운 사람에게 나타납니다.

분노는 절대 멀리 있는 사람이나 나와 상관없는 사람에게 내지 않습니다. '오르게'의 마음은 오히려 가까이 있는 사람에게 나타나는 분노의 마음입니다. 나와 직접적인 관계를 맺고 있는 사람 때문에 일어나는 것입니다.

세상에서 가장 사랑하기 힘든 사람은 가장 가까이 있는 배우자와 자기 자신일 것입니다. 의외로 가장 사랑해야 할 배우자와 분노 속에서 살아가는 사람들이 많습니다. 천륜이라고 하는 부모 자식 간에도 분노 속에 사는 사람들이 있습니다. 가장 사랑해야 할 성도와 시부모와 시누이와 형제와 옆에 있는 직장 동료와 분노 속에 사는 사람들이 많이 있습니다.

내가 가장 사랑해야 할 사람이 우리 마음에 '오르게'로 남아 가장 큰 분노의 대상이 될 때가 많다는 것입니다. 이유는 가장 많은 사랑을 베풀어 주었기에 실망도 크고, 실망이 커져서 분노하게 되는 것입니다.

2. 분노의 원인

① 분노는 잘못된 기대에서 올 때가 많습니다.

우리는 기대하지 말아야 할 부분까지 기대하다가 만족하지 못하면 화를 냅니다. 그러나 자신의 기대와 조건에 벗어난다고 분노하고 화를 내는 것은 옳지 않습니다. 혹시 나 자신도 이룰 수 없는 높은 기대, 잘못된 기대를 품고 있지는 않습니까? 잘못된 기대가 이루어지지 않을 때 분노가 일어납니다.

② 잘못된 질투심이 있을 때 사람들은 분노합니다(〈창세기〉의 두 가지 사건).

아벨에 대한 가인의 질투(창 4장)

자기 나름대로 제사도 준비했고 온갖 정성을 들였습니다. 그러나 그것이 하나님의 방법에 맞지 않다는 것은 생각조차 하지 못했던 것입니다. 오히려 하나님이 아벨의 제사만 받는 것을 보고 분노합니다. 처음에는 질투의 마음으로 시작하여 동생을 미워하고 나중에는 증오하여 결국 그를 죽이게 된 것입니다.

요셉에 대한 형들의 질투(창 37장)

형들은 아버지가 동생 요셉만 사랑한다고 질투의 마음을 가졌습니다. 질투하는 마음으로 동생인 요셉을 죽여 버리려는 악한 마음을 먹습니다. 나중에는 노예로 팔아 버리는 엄청난 일을 벌이게 됩니다.

③ 원치 않는 일이 일어났을 때 사람들은 분노합니다.

남들은 그렇지 않은데 왜 나에게만 이런 일이 일어나느냐는 것입니다.

④ 지나친 우월감이나 열등의식이 있을 때도 사람들은 분노합니다.

자기에게 있는 열등감 때문에 자신도 모르게 화를 내는 것입니다.

유독 맏아들에게만 엄격한 집사님이 계셨습니다. 자기도 모르게 작은 일이라도 그 아이에게만 크게 화를 내더라는 것입니다. 상담 중에 가만히 생각해 보니 자신의 마음에 큰 상처가 있다는 것을 깨달았다고 합니다. 그 분은 7남매의 막내로 태어났고, 어린 시절 공부도 잘했습니다. 그런데 아버지가 동생들은 공부는 시키지 않겠다는 것입니다. 위로 셋째까지는 공부를 시키는데 나머지는 초등학교까지만 공부를 시키고 그 다음은 모두 나가서 돈을 벌라는 것입니다.

아버지가 늘 "우리 큰아들, 우리 큰아들" 하고 노래를 불렀습니다. 먹을 것을 사와도 큰아들이었고, 입을 것을 사와도 큰아들이었습니다. 어린 마음에 자신도 모르게 형 때문에 공부도 못하고 아버지 사랑도 받지 못한다는 피해의식이 마음속에 자리 잡게 된 것입니다. 그러다가 이 분이 야간 중, 고등학교를 마치고 사업에 크게 성공하고 교회에서는 인정받는 집사님이 되셨습니다. 그런데 어느 순간에 자신의 모습 속에 아들 삼형제 중 유독 큰아들을 미워하고 있더라는 것입니다. 상담을 통해 어린 시절 자기 마음에 있던 상처를 깨닫게 되었습니다. 잘못된 상처가 무의식적으로 맏아들에게 나타나 자신의 아픔을 분노로 표출한 것입니다.

인간은 누구나 분노합니다. 화가 나는 일을 겪으면서 분노가 나는 것을 막을 길은 없습니다. 그것이 인생입니다. 그러나 분노를 잘 다스리지 못하면 그 영향력과 파괴력은 상상 이상으로 크다는 것을 기억해야 합니다. 때로는 우리의 영혼까지도 망칠 수 있습니다. 우리의 신앙을 좀 먹기도 하고 우리의 삶을 파멸로 이끌어 갈 수도 있습니다.

분노는 우리의 인생에서 정말 봐야 할 것을 보지 못하게 합니다. 하나님조차도 눈에 보이지 않게 합니다. 사탄은 분노라는 무기로 우리를 끊임없이 공격하고 있습니다.

3. 작은 분노의 불씨도 절대로 쉽게 생각하지 말아야 합니다.

벤자민 카슨(Benjamin Carson) 박사는 1987년 세계 최초로 머리와 등이 붙어 있는 쌈쌍둥이를 성공적으로 분리한 의사입니다. 그는 디트로이트의 빈민가에서 태어나 여덟 살 때 부모님이 이혼을 하게 됩니다. 그때 부터 홀어머니 밑에서 자랐는데 어머니는 참으로 신실한 그리스도인이었습니다. 늘 아들을 위해서 기도했습니다. 믿음으로 살려고 하지만 피부가 검다는 이유로 따돌림을 당하고 학교에서는 늘 꼴찌를 면하지 못했습니다. 벤자민은 삐뚤어지기 시작했습니다. 분노를 다스리지 못하는 아이로 자랐습니다. 하지만 어머니는 끝까지 포기하지 않고 아들을 위해 늘 기도했습니다.
중학교 3학년 무렵에 놀라운 계기가 있었습니다. 같은 반 친구인 밥과 함께 방에서 라디오를 듣고 있었습니다. 가만히 잘 듣고 있던 그 친구가 마음대로 채널을 돌린 것이었습니다. 이 사소한 일 때문에 화가 난 벤자민은 옆에 있던 칼로 친구를 찔러 버렸습니다. 그러나 하나님의 놀라운 섭리가운데, 힘을 다해 찌른 벤자민의 칼은 밥이 차고 있던 쇠 벨트 윗부분에 맞았습니다. 그 순간 벤자민은 내가 계속해서 이렇게 분노를 이기지 못하다가는 어떤 결과가 나타날까 생각하게 되었습니다. 갑자기 자신의 미래가 무서워졌습니다.
이것이 바로 어머니의 간절한 기도의 응답이었습니다. 집으로 돌아와도 마음이 진정되지 않습니다. 욕조에 물을 받고 있는데 자꾸만 기도하라는 음성이 들렸습니다. 처음으로 어릴 적 어머니가 가르쳐 준 기도를 했습니다. 오랜 시간 동안 자신을 통제하지 못하고 이제야 깨닫게 된 것입니다.
그 후 벤자민은 자신의 못된 성질을 없애 주시고 변화시켜 달라고 간절히 기도하였습니다. 이렇게 기도하고 나와서 성경책을 읽었습니다. 〈잠언〉 16장 32절 말씀이 눈에 들어 왔습니다. "노하기를 더디하는 자는 용사보다 낫고 자기의 마음을 다스리는 자는 성을 빼앗는 자보다 나으니라." 그때부터 삶이 변화되기 시작했습니다. 공부에 관심을 갖게 되고 친구들의 모든 것을 받아들일 수 있는 마음으로 바뀌었습니다. 벤자민은 6년 만에 고등학교를 수석으로 졸업한 후, 의과 대학에 들어가 세계 최고인 존스홉킨스 대학병원의 의사가 되었습니다.

예수님이 우리에게 말씀하시는 분노는 그렇게 큰 분노가 아닙니다. 마귀는 우리 마음속에 작은 분노의 틈을 노려서 미혹합니다. 점점 크게 만들고 돌이킬 수 없는 큰 분노로 만들어 버립니다. 옷이 헤지는 것처럼 처음에는 작게 시작되지만 가면 갈수록 더 커집니다.

① 분노보다 더 나쁜 것은 멸시입니다.

Q 〈마태복음〉 5장 22절 말씀을 기록해 보세요.

분노는 화가 나면 소리를 높이고 표출하지만 멸시는 조금 다릅니다. 주로 여성들에게 이런 것이 많이 나타나는데, 여성들은 남성들처럼 겉으로 화를 내고 분노하지 않습니다. 반면 화가 나면 그냥 입을 닫아 버립니다. 냉정하게 돌아서고 말을 하지 않습니다. 그것이 더 무서운 것입니다. 우리는 그 누구에게도 분노를 내거나 멸시해서는 안 됩니다.

Q **〈에베소서〉 5장 8절 말씀을 기록해 보세요.**

② 분노는 곧 살인죄입니다.

예수님은 분노는 곧 살인죄라고 정의하십니다. 우리는 이것을 인정해야 됩니다. 우리가 분노하고 멸시하고 말 안하고 독한 품성을 지닐 때에 그것이 바로 살인죄라는 것입니다.

Q **〈잠언〉 16장 2절 말씀을 기록해 보세요**

유대인들은 '살인하지 말라.'는 명령에 '심판하지 말라.'라는 말을 덧붙였습니다. "그래. 직접적인 살인만 하지 않으면 아무런 문제가 없어! 살인만 하지 않으면 돼!"

그러나 주님은 틀렸다고 말씀합니다. 살인하지 말라는 것은 형제에게 분노하는 것과 멸시하는 것 이상의 더 큰 의미가 담겨져 있습니다.

계명은 긍정적이고 반어적인 측면이 있습니다. 즉, 분노하지 말라는 것에 더하여 오히려 상대방을 사랑하라는 것입니다. 모든 사람은 하나님의 형상으로 창조되었기에 "너희가 존귀하게 대하고 관심을 가져라. 더 깊이 사랑하라!"라는 종합적이 이야기입니다.

주님은 우리의 마음을 보십니다. 스스로가 행위에는 아무런 문제가 없다 할지라도 주님 앞에 당당하게 이야기할 수 있는가 돌아보아야 합니다. 주님은 우리가 행위로 범죄한 것이나 마음으로 범죄한 것이나 동일하게 보십니다. 우리는 사람들의 겉을 보지만 주님은 우리의 심령을 감찰하십니다.

바리새인처럼 긴 술이 달린 옷을 입고 거룩한 척 두 손을 높이 들고, "주여 나는 살인한 적도 없고 간음한 적도 없고 안식일도 거룩하게 지켰으며, 십에 일조를 드렸고, 어떤 범죄도 저지르지 않았습니다. 주님 거룩한 나를 봐주십시오."라고 소리친들 예수님은 이렇게 말씀하십니다.

"이 회칠한 무덤아, 너의 마음에 남을 살인하고 싶은 마음, 간음하고 싶은 마음, 더러운 마음으로 가득 차 있지 않느냐!" 예수님의 평가는 회칠한 무덤이라는 것입니다.

③ 분노는 작은 것에서부터 시작됩니다.

거듭 말하지만 이 장 성경 본문에서 예수님이 우리에게 말씀하시는 분노는 큰 분노가 아닌 작은 분노입니다.

- 형제에게 노하는 자마다 심판을 받게 되고,
- 형제를 대하여 라가라 하는 자는 공회에 잡혀가게 되고,
- 미련한 놈이라 하는 자는 지옥 불에 들어가게 되리라

한 예로 미련한 놈이라는 말은 더 쉽게 합니다. "에이~ 미련 곰탱이 같은 놈아!"

우리는 본문의 말씀을 조금 더 깊이 있게 생각해 보아야 합니다. 미련 곰탱이와 같은 말이 지옥 불에 들어갈 말은 아닙니다. 이것은 '삼심제'를 이야기하는 것입니다.

세상에도 삼심제가 있는 것처럼 예수님이 말씀하신 것은 단 한 번 욕하고 분노한다고 당장 지옥불에 떨어진다는 것이 아닙니다. 여러 번 불화가 있는데도 그것을 풀지 않고 마음에 분노하며 살고, 하나님 없는 것처럼 사는 모

습입니다. 사람들을 멸시하며 분노하고, 마음으로 죽이고, 회개하지 않고, 쉽게 생각하고 날마다 지은 죄를 반복하며 일평생을 사는 사람들에게 하나님의 강력한 심판이 있다는 경고의 메시지입니다.

Q 〈마태복음〉 5장 23~24절 말씀을 기록해 보세요.

지금 온갖 분노가 가득하고 마음으로는 사람을 죽이고 싶고 원망과 미움이 넘쳐나는데 예배당에 와서 예배 한번 드리고 "아무 문제가 없다."라고 할 수는 없다는 것입니다. 예수님은 차라리 가서 풀고 오라고 하십니다. "네 마음에 분노를 풀고 회개하고 관계를 회복하고 나와서 예물도 드리고 예배를 드려라. 그 예배를 내가 받겠다."라는 것입니다.

"하나님은 영이시니 예배하는 자가 영과 진리로 예배할지니라." 겉과 속이 다른 예배가 아니라 진리가 내 삶과 내 마음에 가득해야 한다는 것입니다. 수많은 악한 것과 더러운 것과 분노가 가득하면서 예배당에서 예배를 드린다면 그 예배를 주님은 받지 않으십니다. 우리는 예배 전에 문제를 꼭 해결해야 합니다. 작은 분노의 불씨가 커질 수도 있다는 것입니다.

주님과 동행하기

1. 분노를 잘 관리하는 것은 작은 예수로 사는 것입니다.

Q 〈로마서〉 12장 17~18절 말씀을 기록해 보세요.

분노로 인한 가장 큰 피해자는 바로 우리 자신입니다. 자신의 분노에 자신이 파괴되어 간다는 것을 의외로 많은 사람이 모르고 있습니다. 분노는 남도 죽이지만 가장 먼저 자기 자신을 죽인다는 것입니다. 성경은 절대로 악을 악으로 갚지 말라고 말씀합니다. 심지어는 억울한 일을 당해도 악으로 갚지 말고 주님에게 맡기기를 원하십니다. 주님이 모든 것을 아시기에 그분의 손에 맡겨야 한다는 것입니다.

① 절대 오래 화를 품지 않도록 노력해야 합니다.

Q 〈에베소서〉 4장 26~27절을 적어 보세요.

누구나 분노할 수 있다는 것을 예수님도 인정하셨습니다. 하지만 노력하라는 것입니다. 마음에 분노를 품고 있지 않기 위해서 끊임없이 노력하라는 것입니다. 우리는 분노를 정말 잘 관리해야 합니다. 그렇지 못할 때 사탄은 반드시 그 마음의 틈을 비집고 찾아 올 것입니다.

② 다른 것으로 화풀이 대상을 삼지 말아야 합니다.

어떤 사람들은 화가 나면 다른 방법으로 화를 풀기도 합니다. 여성들은 머리를 자른다고 합니다. 화가 나고 심경에 변화가 생기는데 머리를 자른다고 문제가 해결되지는 않습니다. 남성들은 스포츠를 즐기기도 합니다. 그것도 완전한 해결책은 될 수 없습니다. 어떤 분들은 다른 사람들에게 화풀이를 합니다. 그래서 자녀들에게 심각한 상처를 주고 부부 간에 상처를 주고받기도 합니다. 분노는 사탄이 우리의 마음을 움직이기 때문에 절대로 세상적인 방법으로 풀 수 없습니다.

2. 어떻게 분노를 관리해야 할까요?

① 결과를 생각해야 합니다.

내가 왜 화를 내는가? 내가 누구를 위해 화를 내는가? 화를 내서 무엇을 얻길 원하는가? 힘들지만 그리스도인들은 화를 내기 전에 이런 생각을 먼저 해야 합니다.

② 성령의 도우심을 구하고 하나님에게 모든 분노를 맡겨야 합니다.

Q 〈로마서〉 12장 17절을 적어 보세요.

우리가 주님의 도우심을 구하면 성령이 우리의 생각을 지배하게 됩니다. 그때 분노를 다스릴 수 있게 될 것입니다.

③ 기도해야 합니다.

Q 〈마태복음〉 6장 6절을 적어 보세요.

기도는 하나님의 은혜를 누리는 통로입니다. 기도하는 마음에는 평화가 찾아옵니다. 성령의 통제를 받게 됩니다. 가장 위험한 것은 기도 없이 분노를 다스리고자 하는 것입니다. 기도하는 삶에 성령이 찾아올 때 우리에게 분노를 다스릴 수 있는 능력이 생기게 됩니다. 하나님이 함께하시면 분노를 이기고 사랑하는 마음을 갖게 됩니다.

3. 편지 쓰기

말씀을 공부한 후 내가 분을 냄으로 용서를 구해야 하거나 용서해 주어야 했는데 그렇게 하지 못한 경우가 있다면 우리의 분노를 다스리게 하시는 성령님을 의지하며 용서하는 또는 용서를 구하는 편지를 써 봅시다.

04 가정과 부부의 바운더리

✣ 〈마태복음〉 5장 27~32절

27 또 간음하지 말라 하였다는 것을 너희가 들었으나 28 나는 너희에게 이르노니 음욕을 품고 여자를 보
는 자마다 마음에 이미 간음하였느니라 29 만일 네 오른 눈이 너로 실족하게 하거든 빼어 내버리라 네 백
체 중 하나가 없어지고 온 몸이 지옥에 던져지지 않는 것이 유익하며 30 또한 만일 네 오른손이 너로 실족
하게 하거든 찍어 내버리라 네 백체 중 하나가 없어지고 온 몸이 지옥에 던져지지 않는 것이 유익하니라
31 또 일렀으되 누구든지 아내를 버리려거든 이혼 증서를 줄 것이라 하였으나 32 나는 너희에게 이르노
니 누구든지 음행한 이유 없이 아내를 버리면 이는 그로 간음하게 함이요 또 누구든지 버림받은 여자에게
장가드는 자도 간음함이니라

세상 돌아보기

• 건강한 가정 만들기 연상법

각자가 원하는 건강한 가정은 모두 다를 것입니다. 자라온 환경과 형편이 모두 다르기 때문입니다. 하나님은 우리에게 천국의 모형으로 건강한 가정을 주셨습니다. 건강한 가정을 위해서 내가 생각하고 있는 기준은 어떤 것인지 살펴보면서 건강한 가정을 세우기 위해 노력해 봅시다.

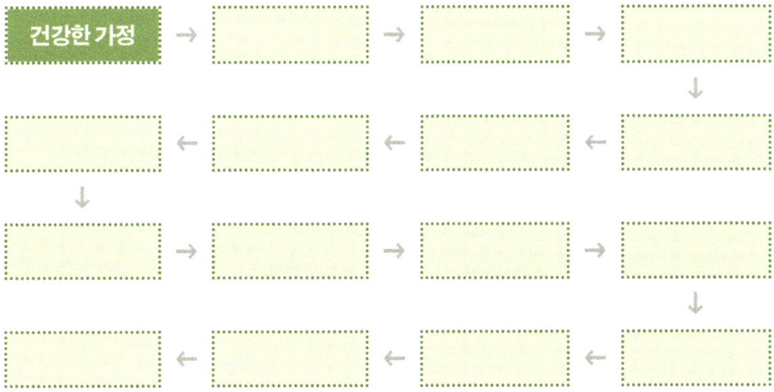

주님 알아가기

'제임스 위버'라는 학자가 한 가지 독특한 연구를 했습니다. 대학생 육십여 명을 모아서 다섯 개 그룹으로 나누고 먼저 설문조사를 한 다음, 영화를 본 후에 또 다시 설문조사를 하였습니다. 영화의 내용은 다섯 단계가 있었는데 모두 다른 내용이었습니다.

첫 번째 영화는 성적인 묘사가 전혀 없는 영화였습니다. 두 번째는 성적인 장면이 있지만 상호동의 하에 이루어지는 영화였습니다. 세 번째는 여성이 남성을 강하게 유혹한 후에 성적인 관계를 맺는 영화였습니다. 네 번째는 여자의 동의 없이 남자가 강압적으로 성적인 행위를 하는 영화였습니다. 마지막 다섯 번째는 성폭력 장면이 나오는 영화였습니다.

설문의 결과는 영화를 보기 전과 후가 완전히 달랐습니다. 영화를 보았던 대다수의 남학생들은 영화를 보기 전과는 달리 여성들에 대한 존경심자체가 완전히 없어져 버렸습니다. 첫 번째 단계의 영화를 보았던 사람들은 그대로였지만 영화에서 성적인 강도가 높아지는 후반부의 영화로 갈수록 여성의 인격에 대한 인식이 점점 줄어들었습니다.

제임스 위버는 두 번째 과제를 던지면서 모든 대학생에게 성적인 사건 하나를 소개합니다. 한 명의 여성이 성폭력을 당했고 고통스러워 한다는 내용이었습니다. 그리고 학생들에게 검사 역할을 맡겨 형량을 구형하게 하였습니다. 신기하게도 성적인 강도가 높아지는 후반부 영화로 갈수록 가해자에 대한 형량이 낮아지는 것이었습니다. 전혀 성적인 묘사가 없는 영화를 봤던 사람은 무기징역을 구형하는데 비해 마지막 다섯 단계 영화를 봤던 사람은 도둑질보다도 못한 형량을 부가합니다. 그렇게 구형한 이유를 묻습니다.

"어떻게 남에게 상처를 주고 여성의 인격을 파멸의 길로 인도하고 평생을 고통스럽게 만든 사람의 형량이 도둑질한 것보다 적을 수 있습니까?"

놀라운 대답을 듣게 됩니다.

"여성들이 은근히 성폭행을 기대하는 거 아닙니까?"

이것을 통해 제임스 위버가 내린 결론은 사람들이 무엇을 보느냐가 굉장히 중요하다는 것입니다. 결국은 사람들이 본 것을 통하여 생각하고 가치관이 바뀌며 궁극적으로 보는 대로 사건을 만들어 간다는 것을 알았습니다. 본다는 것이 참으로 무섭다는 것을 깨닫게 되었습니다.

수많은 음란물에 노출되고 성적 기준이 무뎌지고 정욕의 지배를 받게 되는 요즘은 성적인 문제에 대해서 문란하다 못해 아무 개념조차 없는 것을 보게 됩니다.

1. 우리는 엄청난 성적인 죄악들이 만연된 시대를 살고 있습니다.

① 사람들을 파멸의 길로 몰고 갈 수 있는 가장 쉬운 방법은 성적인 문제를 사용하는 것입니다.

Q 〈레위기〉 18장 22~23절 말씀을 기록해 보세요.

그럼에도 불구하고 성적인 문제의 심각성에 대해 깨닫지 못하고 그리 강조하지도 않습니다. 과거 소돔과 고모라 시대, 로마 시대에만 있었던 문제가 아니라 어떤 의미에서 말세를 달려가는 지금 우리에게 주시는 하나님의 가장 강력한 경고의 메시지 중에 하나입니다.

② 간음에 대한 말씀은 주님이 우리를 보호하시기 위한 말씀입니다.

Q 〈호세아서〉 4장 14절 말씀을 기록해 보세요.

하나님은 천국의 모형으로 이 땅의 가정과 교회를 주셨습니다. 사탄은 이러한 천국의 모형을 파괴하기 위해 성적인 무기를 사용합니다. 이것은 순간적으로 한 번에 무너지고 파멸의 구렁텅이로 몰고 가며 자녀들 또한 고통 속에서 살게 하는 것입니다.

주님 바라보기

미국의 바이올라 대학교(Biola University)는 100년 전부터 금기시하는 몇 가지 규칙이 있습니다. 첫 번째, 술을 마시면 안 됩니다. 두 번째, 춤을 추다 걸리면 퇴학입니다. 세 번째, 여학생이 짧은 치마를 입으면 퇴학입니다. 지금도 이 규칙을 어기는 학생이 있다면 징계 조치로 퇴학을 당하게 됩니다. 무슨 그런 학교가 있나 의아합니다. 무릎 위로 올라가는 치마를 입으면 퇴학이라니 조금 심하다는 생각을 할 수도 있습니다. 청년들도 나름대로의 트렌드가 있고 개성이 있는데, 그런 것을 허용하지 않는 것입니다. 그러니 이런 현상도 있다고 합니다. 여학생들이 짧은 치마 대용으로 긴 치마를 타이트하게 만들어서 마치 인어공주가 육지로 나온 모습처럼 하고 다닌다는 것입니다. 잘 걷지도 못합니다. 보는 사람에 따라 예쁘게 보일 수도 있지만 또 다르게 보는 사람도 있을 것입니다. 학생들은 그렇게 자신들의 욕구를 채우면서 학교의 규칙을 지켜 가고 있는 것입니다.

위의 이야기와 마찬가지로 예수 믿는 사람도 예수 믿는 사람으로서의 규칙이나 룰이 있어야 합니다. 성경에서 금하는 제일 마지막은 행위로 하는 간음죄입니다. 행동으로 하는 간음 행위, 근친상간, 동성연애, 이혼, 영적 간음 등 성경은 많은 행위로 하는 간음을 말씀하고 있습니다.

만약 순간적인 실수나 자신이 모르는 사이 유혹을 받거나 이미 간음죄를 범했던 사람들도 영원히 멸망받을 수밖에 없습니다. 이를 해결할 유일한 길 한 가지는 〈요한복음〉 8장의 간음한 여인처럼 예수님 앞에 용서를 받는 것입니다. 그분 앞에 철저히 회개해야 합니다. 이 순간에도 만약 더러운 간음죄 속에 묻혀 있다면 그런 모든 것을 청산하고 돌이켜야 합니다.

그리고 여기서 끝이 아닙니다. 결단하고 두 번 다시 동일한 범죄를 저지르면 안 됩니다. 우리가 청산하고 돌이키고 하나님에게 회개했다면, 하나님이 우리 죄를 없이 하시고 용서해 주시고 마음에 평안과 위로를 주실 줄로 믿습니다.

예수님이 간음하지 말라고 주신 말씀은 소극적으로 "얘들아 성범죄하지 마라."는 것이 아닙니다. 그 속에는 우리를 보호하기 위한 주님의 따뜻한 사랑이 있습니다. 건강하고 순결한 부부생활을 통해 아름답고 행복한 가정을 세워가라는 하나님의 적극적인 메시지인 것입니다.

1. 간음을 경계하신 이유를 알아봅시다.

① 간음은 하나님을 모욕하는 행위이기 때문입니다.

Q 〈야고보서〉 4장 4절 말씀을 기록해 보세요.

예수님은 우리에게 귀한 생명을 주셨습니다. 우리의 생명을 십자가에 피 값 주고 사셨습니다. 우리는 거룩하고 고귀한 존재입니다. 성령 하나님은 내가 예수 믿는 순간 우리 속에 내주하면서 나와 함께 계시고 내 몸이 성령의 전이라고 했습니다. 그러므로 하나님의 거룩한 성전인 우리의 몸을 함부로 사용하고 하나님의 정하지 않는 법으로 내 몸을 더럽히는 것은 하나님을 모욕하는 겁니다. 우리는 하나님의 형상을 닮은 성도들이기 때문입니다.

② 간음은 신성한 결혼 생활을 깨뜨리는 행위이기 때문입니다.

Q 〈히브리서〉 13장 4절 말씀을 기록해 보세요.

결혼이 무엇보다 신성한 이유는 생명의 잉태라는 엄청난 일을 행하기 때문입니다. 하나님의 형상을 닮은 사람을 낳는 일이기 때문에 그것은 하나님의 주권 하에 있고 결혼은 대단히 고귀한 것입니다. 그런데 그것을 깨버리고 자기가 다른 것에 대해서 몸을 더럽혔다고 하는 것은 단순히 내 몸을 더럽힌 것이 아니라 신성한 결혼을 허락하신 하나님을 무시하는 행위입니다.

③ 간음은 자기 자신을 파괴하는 행위이기 때문입니다.

Q 〈로마서〉 6장 23절 상반절 말씀을 기록해 보세요.

Q 〈잠언〉 6장 32절 말씀을 기록해 보세요.

우리의 영혼을 망하게 합니다. 육체만 파괴하는 것이 아니라 영혼까지 파괴합니다. 간음은 하나님과 교회로부터 멀어집니다. 간음을 하게 되면 하나님이 두려워 점점 더 하나님에게 멀어지며 신앙을 팔고 교회와도 멀어지게 되어 있습니다.

④ 간음은 가정을 파괴하는 행위이기 때문입니다.

Q 〈고린도전서〉 6장 18절 말씀을 기록해 보세요.

Q 〈전도서〉 9장 9절 말씀을 기록해 보세요.

가정은 우리가 기쁨을 누리고 천국을 경험해 볼 수 있는 곳입니다. 천국은 우리의 생각처럼 단순한 곳이 아닙니다. 천국은 기쁨이 있고 더 이상의 근심, 걱정이 없습니다. 감사거리가 많고 행복이 가득한 곳입니다. 주님은 교회생활과 가정생활을 통하여 그러한 하늘나라를 조금 경험해 보라는 말씀을 하고 있는 것입니다. 하지만 어떤 가정이든지 그 속에 간음과 음란한 죄악이 들어올 때에 가정의 행복은 그때부터 사라지기 시작합니다. 고통스럽습니다. 자녀들이 힘들어 합니다. 그리고 모든 관계 속에서 어려움을 겪게 됩니다.

예수님은 모든 성적인 것을 불의하다고 말한 적은 한 번도 없습니다. 하나님이 정하신 정상적인 '바운더리'는 아내와 남편 밖에 없습니다. 그 안에서 이루어지는 성적인 관계는 대단한 축복입니다. 기쁨입니다. 하나님은 그 아름다운 바운더리를 통하여 생명을 주고 삶의 기쁨을 누리고 몸도 정신도 하나가 되어 노래하며 행복하고 즐겁게 살라는 것입니다. 그래서 신약성경에도 부부간에 의무를 다하라고 이야기합니다. 이것이 내가 해 아래서 일평생 수고하고 얻은 분복입니다. 우리의 배우자는 하나님이 우리에게 주신 분복입니다. 남의 것이 좋아 보여서는 안 됩니다. 집에 있는 배우자는 형편없고 보잘 것 없어 보이는데 밖에 나가면 모두가 예쁜 아가씨처럼 보여서는 안 됩니다.

"내 인생이 저기에 있구나!"라고 생각하는 것은 큰 죄입니다. 남의 것이 좋아 보이는 것이 문제입니다. 이것은 자족하는 마음이 없고, 하나님이 주신 것에 감사가 없기 때문입니다. 살아보면 똑같습니다.

⑤ 간음은 국가와 사회를 파괴하는 행위이기 때문입니다.

Q 〈창세기〉 18장 20절 말씀을 기록해 보세요.

소돔과 고모라

소돔과 고모라가 국가적으로 전쟁을 했거나 대단한 일을 벌인 것이 아닙니다. 백성들 자체가 더러운 성적인 문화로 타락했던 것입니다.

소돔의 원어가 '소도미'인데 남색하는 사람들, 동성연애하는 사람들을 뜻합니다. 당시는 동성연애자들이 팽배했습니다. 남자가 남자를 취하고 여자가 여자를 취하자 하나님은 결국 소돔과 고모라를 불과 유황불로 심판하시고 완전히 사해 밑으로 매장시킵니다.

폼페이

입에 담지 못할 음란한 문화 속에 살았던 폼페이는 결국 화산 폭발로 멸망하게 됩니다.

로마제국

건장했던 로마제국도 300년이 지나면서 서서히 헬라 문화가 들어오기 시작합니다. 헬라의 한 도시 한 도시들이 들어오면서 성경에 나오는 고린도 지역이 문제가 되었습니다.

로마인들의 가장 큰 욕 중에 하나가 이런 말입니다. "너는 고린도 같은 놈이야." 이것은 엄청난 욕입니다. 고린도에는 온갖 더러운 성적인 문화가 팽배해 있었고 그 문화가 들어오면서 동물과도 같은 아주 더러운 놈으로 취급되었습니다. 결국 로마 안에 동성연애가 들어오고 궁극적으로 로마가 망하게 된 이유가 되었습니다.

⑥ 간음에는 무서운 심판이 있기 때문입니다.

Q 〈유다서〉 1장 7절 말씀을 기록해 보세요.

아더 핑크(Arthur W. Pink)는 "성경에 보면 우상 숭배나 범죄에 대해서는 이런 징벌을 받는다는 것이 적혀 있는데 왜 '살인하지 말라', '간음하지 말라'는 데는 어떠한 징벌도 쓰여 있지 않는가?"라는 질문에 이렇게 답하고 있습니다. "결과가 너무 자명하기 때문에 그렇습니다." 하나님의 심판이 임한다는 것입니다.

2. 간음에 대한 예수님의 생각을 살펴봅시다.

당시에 바리새인과 서기관들은 간음죄를 잘못 알고 있었던 것 같습니다. 이성 간에 육체적으로 부정한 행동을 해야 간음으로 보는 것이었습니다. 마음속으로 하는 생각과 어떠한 더럽고 나쁜 상상은 상관하지 않는다는 것입니다. 그러나 예수님의 생각은 다르셨습니다.

〈누가복음〉 18장에서 바리새인들은 온갖 더러운 마음과 나쁜 짓을 해도 자기들이 성적인 행위를 안 했기에 깨끗하다고 이야기합니다. "하나님이여 나는 다른 사람들 곧 토색, 불의, 간음하는 자들과 같지 아니하고 이 세리와도 같지 아니함을 감사하나이다." 이 말은 자기는 죄를 짓지 않았다는 것입니다. 그러나 예수님의 말씀은 그들의 기준과 달랐습니다. 예수님은 그들을 향해 "이 독사의 자식들아 회칠한 무덤아!", "너희들은 간음하는 자들마다 심판받는다 했지만 나는 아니다. 너희들은 마음과 눈으로 이미 간음죄를 지었다. 너희 모두가 간음죄를 범했고, 떳떳하다고 이야기할 수 없다."라고 말씀하셨습니다.

① 마음으로 범하는 간음이 있습니다.

Q 〈마가복음〉 7장 21~23절 말씀을 기록해 보세요.

사람을 더럽게 하는 악한 것의 첫 번째가 마음에서 나온다고 말씀합니다. 악한 생각과 음란과 나쁜 마음이 결국은 우리를 더러운 생각으로 이끌고 음란한 간음죄에까지 몰고 가는 것입니다.

Q 〈마태복음〉 5장 28절 말씀을 기록해 보세요.

마음으로 짓고 눈으로 보는 것도 죄라는 말씀입니다. 이성에 대해서 매력을 느끼고 바라보는 것 이상으로 음욕을 채우거나 자신의 욕구를 충족하기 위한 목적을 담고 있다면 이미 간음했다는 것입니다.

"저 여자하고 같이 살면 되게 좋겠네. 하룻밤 자면 좋겠네." 이렇게 더럽고 음탕한 마음의 생각을 가지고 보는 것은 간음이라는 것입니다.

② 눈으로 범하는 간음이 있습니다.

Q 〈베드로후서〉 2장 14절 말씀을 기록해 보세요.

음심이 가득한 눈으로 바라보는 것은 간음죄라는 것입니다.

Q 〈욥기〉 31장 1절 말씀을 기록해 보세요.

욥의 경우를 보면 보는 것이 얼마나 중요한지를 느끼게 됩니다. 위 말씀은 욥이 자기 자신에게 하는 다짐과 결심의 말입니다. 욥도 처녀에게 매력을 느낀다고 합니다. 아름다움을 싫어하는 사람은 없겠지만 자신의 눈과 약속했다는 것입니다. 음란한 것이나 잘못된 것을 보지 않을 것을 말입니다. 이런 부분에 대해서 단호할 것을 말합니다.

Q 〈욥기〉 31장 7절 말씀을 기록해 보세요.

이 말씀은 마음이 눈을 따르지 않고 결심한대로 더러운 것을 묻히거나 더러운 것을 보거나 하지 않았다는 것입니다. 우리는 자신의 신체와 생각, 성적인 행위에 내어주지 않는 결단이 필요합니다. 누구나 그런 욕망이 있고 다 본성이라 해도 한 번의 실수가 평생을 후회하게 만들 수 있습니다. 우리는 늘 경계해야 합니다. "하나님, 평생 더러운 것과 유혹받을 만한 것은 보지도 말게 하옵소서!"라고 약속하는 것입니다.

Q 〈시편〉 119편 37절 말씀을 기록해 보세요.

음란한 영화, 그림이나 글들을 보면 안 됩니다. 특히 결혼을 하고 인생의 새 출발을 하는 신혼부부는 더욱 그러할 것입니다. 먼저 하나님을 경외하는 것에서부터 시작해야 합니다. 어떻게 하나님을 경외하며 살 수 있는가를 바라보시고, 다른 곳에 눈을 돌려서는 안 됩니다. 가정에 음란한 비디오가 있거나 보거나 했다면 회개해야 합니다. 처음에는 재밌는 것 같지만 갈수록 고통스럽고 더 강한 것을 찾게 됩니다. 하나님을 경외하는 것에 방해되는 모든 것을 버려야 하고 그런 것들을 보았다면 회개해야 합니다. 눈으로 보는 것을 조심해야 합니다. 우리의 삶은 무엇을 보느냐에 따라 달라집니다.

③ 말로 범하는 간음이 있습니다.

Q 〈에베소서〉 5장 3절 말씀을 기록해 보세요.

그리스도인들은 음담패설을 일삼는 것도 조심해야 합니다. 거룩하신 하나님의 성호를 찬양하고, 거룩한 말을 해야 함에도 음담패설이 입술에 오르내리는 것은 옳지 않다는 것입니다. 우리는 거룩한 사람입니다. 우리는 하나님의 자녀입니다. 우리의 입술 정화부터 필요합니다.

오늘 이 시대는 너무도 많이 타락해서 교인의 입술인가 세상 사람들의 입술인가 구별할 수 없습니다. 우리는 하나님의 거룩한 성전입니다. 지극히 작은 부분에서도 하나님의 거룩한 성전을 더럽혀서는 안 됩니다. 혹은 다른 사람들로부터 그런 소리들이 들려올지라도 귀를 닫아야 합니다.

세계적인 문학가인 괴테(Goethe)는 남의 말을 하고 원망하는 사람들을 만나면 "조용하시오..그리고 나가십시오."라고 소리치고 귀를 씻었습니다. 하인이 "주인님, 왜 귀를 씻으십니까?"라고 묻자 괴케는 이렇게 대답했습니다.
"나는 오늘 너무 더러운 말을 들었다. 그래서 내 귀가 더러워 졌을까봐 씻고 있다."

④ 손으로 범하는 간음이 있습니다.

Q 〈잠언〉 6장 28~29절 말씀을 기록해 보세요.

이성과의 스킨십에 있어서도 조심할 부분이 있습니다. 비록 작은 부분이지만 민감해야 된다는 것입니다. 손으로 음란한 행동을 하고, 그림이나 글을 쓰는 것은 모두 음란한 죄를 짓는 것입니다. 젊은 청년들은 컴퓨터를 사용하여 음란한 행동을 하는 것 모두가 죄입니다. 전혀 상관없는 여자와 춤추는 것도 죄입니다. 물론 아내와는 춤을 추든 씨름을 하든 아무런 죄가 되지 않습니다.

주님과 동행하기

1. 간음죄로부터 승리할 수 있는 비결

① 하나님 앞에 선 존재임을 잊지 말아야 합니다.

Q 〈창세기〉 39장 9절 말씀을 기록해 보세요.

우리는 하나님 앞에 선 존재, "코람데오"입니다. 사탄은 성도를 파괴하기 위해서 이런 말을 늘 합니다. "아무도 모른다. 아무도 보는 사람이 없다." 하지만 하나님은 아십니다. 하나님은 보고 계십니다. 이 사실만 기억한다면 우리의 삶과 행동과 말이 달라집니다.

② 가까이 하지 말고 피하고 거절해야 합니다.

Q 〈창세기〉 39장 10절 말씀을 기록해 보세요.

토마스 왓슨(Thomas Watson)의 책에 보면 그러한 모든 것은 피하라고 말합니다. 음란한 사람을 피해야 합니다. 처음에는 바른 판단을 할 수도 있지만 그런 사람들을 가까이 하다 보면 자신도 모르게 바뀝니다. 주변 사람은 다 아는데 자기 혼자 모릅니다. 피할 것을 피해야 합니다.

한가한 시간도 피해야 합니다. 유혹은 일하고 바쁜 시간에는 거의 찾아오지 않습니다. 늘 할 일이 없거나 휴식시간에 찾아옵니다. 사람이 바쁘고 살기 어려울 때는 죄지을 시간도 없습니다. 우리의 인생에 잘못된 시간을 두면 안 됩니다. 가치 있는 일에 몰두해야 합니다.

③ 가정을 소중하게 여겨야 합니다.

Q 〈고린도전서〉 7장 3절 말씀을 기록해 보세요.

부부간의 사랑은 결실이 중요합니다. 성경은 가정을 신성시하고 있습니다. 하나님이 짝지어 주신 것을 나누지 못합니다. 부부간의 의무를 다 해야 합니다. 남편은 아내를 사랑하고 아내는 남편에게 순종해야 합니다. 그리고 서로 소중한 줄 알아야 합니다. 신랑의 직업이 어떻든 신부가 어떻게 생겼든 하나님이 우리에게 주신 축복이고 분복입니다. 모든 것이 소중한 줄 알아야 됩니다.

김형준 목사의 책에 보면 '사랑을 느끼게 하는 호르몬'에 대한 이야기가 나옵니다. 사랑의 호르몬이 제일 길게 나오는 사람이 37개월 정도라고 합니다. 37개월 이후에도 사랑으로 산다는 것은 거짓말입니다. 결혼 후에도 약 3년이 지나면 사랑의 감정이 사라지기 시작합니다. 가슴 설레고 심장이 두근거리고 말도 잘 못하겠고 왠지 모르게 좋은 이런 호르몬의 작용이 줄어든다는 것입니다. 그리고 37개월 이후에는 사랑의 호르몬이 사라져 버립니다. 혹시 결혼 이후에 37개월이 넘었는데도 아내나 남편을 보면 가슴이 쿵쾅거리고 있다면 특별한 경우입니다. 아직도 가슴이 두근거리고 말도 잘 못한다면 이상한 일입니다. 그렇다고 37개월이 지나면 할 수 없이 억지로 산다는 것도 아닙니다. 하나님은 우리에게 더 깊은 감정과 말할 수 없는 친밀함과 또 다른 아름다운 고귀한 것들로 사랑의 쿵쾅거림의 자리를 채우기를 원하십니다.

그래서 사랑은 만들어 가는 것입니다. 사랑한다는 말도 많이 하고 소중하게 여기고 사랑할 줄 알아야 합니다. 그러면 옛날처럼 두근거리는 사랑이 없어도 문제될 것이 없습니다.

④ 우리에게 허락된 가정을 소중하게 생각하고 지켜야 합니다.

사랑을 만들라는 것입니다. 거기서 소중한 것을 만들어 가라는 것입니다. 간음죄를 당연한 줄 알고 범하는 성도는 없겠지만 최소한 우리의 가정을 하나님의 뜻대로 아름답게 세워 가야 한다는 것입니다. 가정을 주신 하나님의 큰 축복을 귀한 줄 알고 아름답게 만들어 가시기를 소망합니다.

2. 부부관계 안전 운전

교통사고 때문에 얼마나 많은 사람이 불행을 당하는지 모릅니다. 대형사고가 난 다음에 후회하면 무슨 소용이 있겠습니까?

이것은 부부간에도 해당되는 말입니다. 부부의 길을 어떻게 운행하느냐에 따라 행복과 불행이 결정되는 경우가 많기 때문입니다. 거리에서는 교통경찰과 무인 카메라가 단속하지만, 부부의 길에는 교통경찰이나 감시자가 없기 때문에 스스로 교통법규를 지켜 나가야만 합니다.

부부가 지켜야 할 교통법규 열 가지를 소개합니다. 하나님이 맺어 주신 부부 관계와 가정을 믿음으로 지켜 나갈 수 있기를 바랍니다.

1) 일방통행

부부간에 일방통행은 없습니다. 언제나 쌍방통행입니다. 너는 너, 나는 나 하는 식의 일방통행자는 부부 교통법규의 첫째 항목에서 딱지를 떼어야 합니다.

2) 차간 거리유지

차간 거리가 너무 가까우면 충돌하기 쉽고, 멀어지면 다른 차가 끼어듭니다. 부부간에 지나치게 가까우면 존경심이 없어져 충돌의 원인이 될 수 있습니다. 반대로, 상대에게 너무 무심하거나 냉정하게 대하면 부부 사이에 제3의 인물이나 장애물이 끼어들 수 있습니다.

3) 경적금지

자동차의 경적으로 인한 피해가 큰 것처럼, 당신의 높은 목소리는 상대방에게 스트레스를 줍니다. 행복한 부부가 되려면 목소리부터 낮춰야 합니다.

4) 추월금지

무리하게 경쟁적으로 추월하려 하면 대형사고가 납니다. 부부가 상대방을 경쟁상대로 생각하거나 상대방을 무시하면 사고가 납니다. 부부는 경쟁상대가 아니라 영원한 동반자입니다.

5) 차선위반

차선은 생명선입니다. 부부는 하나라고 하지만 서로의 개성이 다르기 때문에 그것을 존중해 주어야 합니다. 각자의 차선을 가면서 서로 도와주는 것이 바람직합니다.

6) 신호위반

배우자의 얼굴이 빨간 신호인지 파란 신호인지 알고 행동해야 현명한 사람입니다. 또한 파란 신호가 들어오기를 기다리는 인내심도 필요합니다.

7) 차량진입금지

차가 들어가서는 안 될 길이 있습니다. 그런 길에 들어갔다가 뜻밖의 사고를 당할 수 있습니다. 부부간에 상대방의 자존심을 건드리거나 개인적인 것을 지나치게 들추어내서는 안됩니다. 서로가 아끼며 존경하면서, 해야 할 일과 해서는 안 되는 일을 분간할 줄 알아야 합니다.

8) 일단정지

일단정지를 무시하고 달리면 사고가 나는 수가 있습니다. 부부가 대화할 때에도 일단정지를 무시하고 자신의 주장만 내세우면 곤란합니다. 상대방의 말을 들으려 하지 않기 때문에 사고가 발생합니다. 일단정지를 하여 상대의 말을 경청하는 자세가 중요합니다.

9) 정면충돌을 피하라.

내 차선으로 상대방의 차가 달려오는 경우가 있습니다. 피하지 않으면 정면충돌을 면하기 어렵습니다. 부부간에도 내 주장만 옳다고 우긴다면 정면충돌을 피하기 어렵습니다. 또한 상대가 차선을 위반하여 달려온다면, 일단 피하는 것이 현명합니다. 일단 피해서 정면충돌을 모면한 다음, 문제를 차분히 풀어 나가는 것이 좋습니다.

10) 수시로 점검하라.

자동차는 정기적으로 검사를 받게 되어 있습니다. 점검을 하다 보면 전혀 생각지 못한 데서 문제가 나타나는 수가 있습니다. 아무리 행복한 부부라 하더라도 갑자기 문제가 생겨 불행해질 수 있습니다. 서로의 문제점을 평소에 점검한다면, 적어도 호미로 막을 것을 가래로 막는 사태는 벌어지지 않을 것입니다.

05 옳다 옳다, 아니라 아니라

✣ 〈마태복음〉 5장 33~37절

33 또 옛 사람에게 말한 바 헛 맹세를 하지 말고 네 맹세한 것을 주께 지키라 하였다는 것을 너희가 들었으
나 34 나는 너희에게 이르노니 도무지 맹세하지 말지니 하늘로도 하지 말라 이는 하나님의 보좌임이요 35
땅으로도 하지 말라 이는 하나님의 발등상임이요 예루살렘으로도 하지 말라 이는 큰 임금의 성임이요 36
네 머리로도 하지 말라 이는 네가 한 터럭도 희고 검게 할 수 없음이라 37 오직 너희 말은 옳다 옳다, 아니
라 아니라 하라 이에서 지나는 것은 악으로부터 나느니라

세상 돌아보기

• 한 주 동안 당신의 생활은?

아래에 주어진 단어 중 3가지를 골라 지난 주 한 주를 살면서 있었던 사건을 기록하고 발표해 봅시다.

특별	피곤
눈물	혼란
부족	중요

발표가 끝났으면 '정직'에 대해서 한 가지 발표를 더 해 봅시다. 한 주 동

안 살면서 거짓말한 것이나 정직하지 못한 모습이 있다면 솔직하게 작성하여 반성하며 회개의 기도를 드려 봅시다.

주님 알아가기

부잣집 아들로 태어난 한 남자가 가난한 한 여인을 사랑했습니다. 그러나 여자는 남자가 싫었습니다. 남자의 사랑에 진정성을 느끼지 못했기 때문입니다. 남자는 여인에게 프러포즈를 했지만 거절당합니다. 그날 저녁부터 남자는 자신의 진심을 보여주겠노라며 100일 동안 하루도 빠짐없이 여자의 방 창문 앞에서 꽃을 들고 밤을 새우겠다고 합니다. 그날 이후로 남자는 하루도 빠짐없이 여인의 집 창문가에 서서 밤을 새웠습니다.
99일째 되던 날이었습니다. 그날따라 엄청난 비바람이 불고 천둥 번개가 치는 밤이었습니다. 여자가 밖을 보니 그날도 남자는 변함없이 창문 앞을 지키고 있었습니다. 여인의 마음이 눈 녹듯 했습니다. 또한 남자의 사랑이 진심이라는 것을 깨닫게 되었습니다. 이제는 남자의 건강이 걱정되었습니다. 여인은 드디어 집밖으로 뛰쳐나갑니다. 그리고 남자를 와락 끌어안으며 이렇게 말합니다.
"이제야 당신의 진심을 알겠어요. 나도 사랑해요."
그때 앞에 있던 남자가 이렇게 난처한 음성으로 말합니다.
"죄송한데요. 저는 아르바이트생인데요."
남자가 여자의 눈을 속여 매일 저녁 다른 사람을 세웠던 것입니다. 아마도 그 남자는 영원히 사랑하는 여인과는 결혼할 수 없었을 것입니다.

1. 우리가 살고 있는 사회는 온갖 거짓과 불의가 판치고 있습니다.

① 거짓과 불의는 특정한 부류의 전유물이 아닙니다.

Q 〈시편〉 12편 2절 말씀을 기록해 보세요.

거짓과 불의는 특정한 부류의 전유물이 아니라 사회 곳곳에서 찾아 볼 수 있습니다. 더욱 부끄러운 것은 가짜가 더 당당하다는 것입니다. 진실이 아님에도 변명을 하거나 자신의 입장을 합리화하려는 것 또한 더욱 심각한 병폐라고 할 수 있습니다.

② 지금 우리 사회는 정직이 절실히 필요합니다.

Q 〈시편〉 7편 10절 말씀을 기록해 보세요.

정직하지 못하고 편법을 쓰는 것은 금방은 쉽고 이익이 될 것처럼 보이지만 반드시 낭패를 당합니다. 지금의 우리 사회는 참으로 당연한 '정직'이라는 단어가 매우 특별한 단어가 되어 버렸습니다.

주님 바라보기

성주 인터내셔널 대표인 김성주 회장의 간증집《나는 정직한 자의 형통을 믿는다》라는 책을 보면 우리나라에서 정직하게 돈을 번다는 것이 얼마나 힘든 일인지 잘 나타나 있습니다. 그렇지만 하나님은 정직한 자에게 궁극적인 형통함을 주신다는 것도 담담히 쓰고 있습니다.

그녀가 유학을 마치고 해외 현장에서 실무 경험을 쌓은 후 사업을 막 시작할 때였습니다. 한 선배가 한국에서 성공하는 법 세 가지를 조언해 주었습니다. '첫째, 술을 잘 마셔야 한다. 둘째, 거짓말을 잘해야 한다. 셋째, 흰 봉투(뇌물)를 잘 바쳐야 한다.' 이 세 가지 모두 그리스도인으로서 용납할 수 없는 부분이었습니다. 기도하는 가운데 그녀는 이렇게 결심을 합니다.

"그리스도인인 내가 회사 매출 올리려고 거짓말하고 부패한 모습을 따라갈 수 는 없다."

그녀는 비록 경험과 능력은 부족하지만 하나님이 도와주신다면 분명히 정직한 손으로 사업을 일으키는 사례가 될 것이라고 확신했습니다. 그러나 현실은 정말 힘들고 참담했습니다. 뇌물을 바치지 않으니 멀쩡하게 면세점에서 잘 팔리던 브랜드가 퇴출을 당합니다. 심지어 3시간 서있게 하고 3분도 만나주지 않는 사람도 있습니다. 물건을 보냈는데, 오지 않았다고 거짓말하는 사람도 있습니다. 이런 일들은 책을 쓰고도 남는다고 하였습니다. 그러나 그녀는 포기하지 않았습니다. 실패하지도 않았습니다.

1997년 기준으로 전체 한국 면세점 매출의 5분의 1을 대행하고 있으며, 그녀가 경영하는 MCM의 경우는 전 세계 300개 매장에서 2010년 기준 매출액이 3,000억 원이 넘습니다. 그녀는 세무조사에서 한 건의 탈세도 없었습니다. 김성주 회장은 이렇게 말합니다. "부패의 고리를 끊고 정직을 붙들어 하나님의 복음을 체험하십시오."

우리는 하나님 앞에서 이렇게 외쳐야 합니다. "하나님, 지금까지 어떻게 살았든 지금 이 순간부터 무슨 일이 있어도 진실만을 말하겠습니다. 정직하게 살겠습니다. 저와 후손을 위해서라도 지금 그렇게 하겠습니다."

하나님은 정직한 자와 함께하시고 정직한 자의 형통을 허락하십니다.

Q 〈마태복음〉 5장 34절 말씀을 기록해 보세요.

본문 내용은 바로 간음과 이혼에 대한 규례 다음에 언급된 것입니다. 이것은 당시의 문화적 배경을 보면 쉽게 이해할 수 있습니다. 당시에는 남존여비 사상이 투철했습니다. 여인들에게 모든 법이 불리했습니다. 남자들은 부정한 여인에게 이혼증서를 주어 쫓아 버릴 수도 있었습니다. 문제는 그런 남자들 중에 대부분은 부부간의 사건은 조사를 하지 않는다는 것을 이용하였다는 것입니다. 남자가 다른 여자를 좋아하거나 잘못을 해놓고는 부인에게 없는 죄를 뒤집어 씌어 쫓아내는 것입니다. 그렇게 거짓의 희생양이 되어 아파하고 한 맺힌 인생을 살아가는 여인들이 많았던 것입니다. 거짓 맹세에 대한 부분도 마찬가지입니다. 전혀 하나님을 경외하지 않으면서 행동으로는 하나님의 이름을 걸고 거짓된 자신의 행위와 말을 합리화 합니다. 진실이 없는 사람일수록 헛된 맹세를 자주하거나 자신의 말을 과장되게 합니다.

현대 사회의 가장 큰 문제도 이와 같습니다. 그리스도인이든 비그리스도인이든 모두가 정직의 문제에서는 자유롭지 못하다는 사실입니다. 하나님은 우리에게 일어나는 모든 크고 작은 일에 대해서 정직하기를 간절히 원하십니다.

1. 하나님은 작은 거짓도 미워하십니다.

① 하나님을 자기 합리화의 도구로 삼았습니다.

Q 〈마태복음〉 5장 33~34절 말씀을 기록해 보세요.

거짓은 사탄의 무기라고 했습니다. 예수님 시대 때의 바리새인과 서기관들은 제사를 지낼 때 만큼은 정직하고 거룩한 것처럼 행동하고 말하였습니다. 그러나 그들은 성전 밖으로 나오면 지능적으로 상습적인 거짓말을 했습니다. 특히 자신의 이익과 관련된 것이라면 신앙도 하나님도 없었습니다. 그들이 예수님에게 엄청난 거짓 죄를 뒤집어 씌어 죽인 것도 바로 자신의 이익과 관련된 부분이 많았습니다. 거짓말을 잘했던 것입니다. 특히 가장 심각한 것은 하나님의 이름으로 맹세하며 사람을 속였다는 것입니다.

② 하나님을 모욕하는 행위였습니다.

Q 〈마태복음〉 5장 35~36절 말씀을 기록해 보세요.

그들이 하는 거짓말은 단순한 거짓말이 아닙니다. 겉으로는 하나님의 이름을 함부로 부르지도 쓰지도 않는 것처럼 보였고 모든 행위 속에서 하나님을 경외하는 것처럼 보였습니다. 그러나 실상은 하나님의 이름으로 거짓말을 일삼았습니다.

입만 열면 거짓말하고 하나님의 이름을 더럽히는 맹세를 하니 하나님은 차라리 맹세하지 말라고 말씀하십니다. 그만큼 거짓의 죄가 심각하게 퍼져 있다는 것입니다. 당시 하나님의 이름으로 맹세하면 사람들이 믿어준다는 것을 악용해 약간의 거짓을 넣어 자신의 말을 믿도록 한 것입니다.

어떤 경우에는 하나님의 이름이 두려웠던지 감히 하나님의 이름으로는 못하고 땅을 걸고 거짓 맹세하는 사람들도 있었습니다. 어떤 사람은 하나님의 성전의 거룩함이나 무게를 이용하여 예루살렘 성전을 걸고 거짓 맹세하는 사람들도 있었습니다. 또 자기 머리를 걸고 맹세하기도 하고 심지어 자기의 명예를 나타내는 수염을 걸고도 맹세하는 사람들도 있습니다.

2. 하나님을 만나면 거짓을 버리고 진실을 고백하게 됩니다.

① 하나님을 만나기 전에는 거짓된 삶을 살아갈 수밖에 없습니다.

Q 〈요한복음〉 8장 44절 하반절 말씀을 기록해 보세요.

Q 〈이사야서〉 6장 5절 말씀을 기록해 보세요.

이사야 선지자는 자기 자신을 새롭게 발견했습니다. 그는 나름대로 믿음

생활을 하고 있었지만 웃시야 왕을 의지하고 하나님과 자신에 대한 아무런 생각이 없이 왕족으로 살았습니다. 그러나 웃시야 왕이 죽던 해에 하나님을 찾습니다. 그때 거룩하신 하나님을 재발견합니다. 성전에서 스랍들의 "거룩하다 거룩하다 거룩하다"는 찬양의 소리와 함께 거룩하신 만군의 여호와 하나님을 뵈었다고 고백하고 있습니다.

그는 거룩하신 하나님을 진짜 만나고 나니 그동안 보이지 않던 자기 자신이 보이기 시작합니다. 자신의 문제점을 발견하는데 그중에 가장 부끄러운 죄가 입술로 지은 죄라고 고백합니다. 거룩하시고 전능하신 하나님을 발견하니 자신의 입술로 지은 죄를 제일 먼저 회개하게 되고 자신의 모든 것이 부끄러웠던 것입니다.

머리털 하나라도 모두 다 세시는 하나님은 작은 거짓말, 헛된 맹세까지 모두 들으십니다. 그리고 미워하십니다. 하나님을 만날 때는 죄사함의 감격과 은혜와 함께 내 안의 거짓을 깨닫고 정직을 향한 강한 결심으로 찾아야 합니다.

3. 고통스러운 일이 있을지라도 하나님 앞에서 솔직하고 정직해야 합니다.

Q 〈마태복음〉 5장 37절 말씀을 기록해 보세요.

《아직도 가야 할 길》을 지은 스캇 펙(M. Scott Peck) 박사는 정직하기 위해 고통을 감수해야 한다고 말합니다. "정직은 고통 없이 오는 것이 아니다. 사람들이 거짓말하는 이유는 도전과 그에 따르는 고통을 피하려 하기 때문이다."

① 하나님은 완벽한 사람이 아닌 솔직하고 정직한 사람을 원하십니다.

Q 〈잠언〉 3장 32절 말씀을 기록해 보세요.

자신의 부족을 솔직히 인정하는 사람은 대단히 정직한 사람이라고 할 수 있습니다. 하나님은 이런 자를 좋아하십니다. 반면 하나님이 싫어하는 사람은 정직하지 않으면서 정직을 가장하는 사람입니다.

반세기 전 우리나라의 뛰어난 학자이자 교육가였던 양주동 박사의 일화입니다.
양주동 박사는 늘 자신을 이 나라의 '국보'라고 자칭했습니다. 그가 한국전쟁 당시 피난 중에 대구에서 강의를 할 때입니다. 고전 문학 시간이었습니다. 어느 학생이 수업시간에 어느 대목에 대하여 질문을 하였습니다. 그 때 양주동 박사는 "모르겠는데…… 잘 모르겠는데…… 음, 음."
물론 대충 얼버무리거나 잘못 해석을 하여도 아무도 모르는 상황이었습니다. 그러나 그는 이렇게 답을 하였다고 합니다. "나는 모르겠습니다. 그렇지만 내가 모르는 것은 학생들도 몰라도 무방합니다."
자신의 자존심도 지키면서 솔직하고 정직한 모습이었습니다. 학생들이 이 사건 이후로 그를 더욱 존경했다고 합니다. 정직하다는 것은 결코 자신에게 손해를 주거나 자존심을 상하게 하는 일이 아니라는 것입니다.

"절대 맹세치 말라."는 의미는 '어떤 경우에도 절대로 맹세하지 말라.'는 의미보다는 '자신이 한 말에 대해 목숨을 걸고 지키라.'는 의미입니다.

맹세를 쉽게 하는 경우가 우리의 삶 가운데 의외로 많습니다. 예를 들면,

결혼한 모든 사람은 하나님 앞과 여러 증인 앞에서 결혼 맹세를 합니다. 하지만 수많은 사람이 엄숙한 맹세를 잊어버리고 살아가고 있습니다. 어떤 경우도 변치 않는다 하면서도 그렇지 못할 때가 많습니다. 교회 안에서 직분자를 세울 때도 꼭 서약을 합니다. 하나님 앞에 엄숙한 서약을 했음에도 직분자답지 못한 행동을 하거나 충성된 종이 아닌 악하고 게으른 종으로 살아가는 경우도 많습니다. 이렇게 맹세를 쉽게 생각하거나 아예 의식 정도로만 여기고 아무렇지도 않게 넘어가는 경우가 허다합니다.

② 성도는 진실을 말하는 습관을 가져야 합니다.

Q 〈고린도후서〉 1장 12절 말씀을 기록해 보세요.

예수님은 바리새인처럼 거짓 맹세를 하려면 차라리 맹세하지 말라고 했습니다. 성도는 진실을 말하는 습관을 가져야 합니다. 무엇인가를 주장하기 위해 맹세 안 해도 '옳다', '아니라'라고 진실을 말하는 습관을 가져야 합니다. 허다한 일에 맹세하면 맹세를 쉽게 생각하게 되고, 생각 없이 거짓말을 하게 되는 것입니다. 진실을 말하고 그대로 실천한다면 맹세나 서약이 필요하지 않을 것입니다. 그깟 몇 푼 이익 때문에 거짓말을 하느니 차라리 포기하고 정직해야 한다는 것입니다.

영국 런던 근교의 작은 마을에서 존경받으며 목회를 하던 한 목사님이 하루는 런던으로 가는 버스를 탔습니다. 차비를 내고, 자리에 앉아 돈을 주머니에 넣으려고 보니 거스름돈이 더 들어온 것입니다.

"기사 양반 거스름돈이 더 들어왔소. 여기 있소."
그때 기사가 말합니다. "목사님 정말 죄송합니다. 사실 어제 목사님 교회 가서 예배를 드렸습니다. 정직에 대한 설교를 들었습니다. 그래서 한번 시험해 보려고 그랬습니다. 목사님을 시험해서 정말 죄송합니다."
목사님의 등에서는 식은땀이 흘렀습니다. 만약 작은 거스름돈을 아무런 생각 없이 집어넣었다면 어떻게 되었을까요? 정직은 우리 자신을 더욱 빛나게 하고 당당하게 만드는 것입니다.

'예', '아니오'라는 말보다 그 이상일 때 문제가 생깁니다. 허위성이 있거나 하나님을 경외하는 마음이 없다는 것입니다. 힘들지만 솔직해져야 합니다. 작은 부분부터 정직해져야 합니다.

주님과 동행하기

1. 정직한 자의 형통함을 믿는 삶을 살아야 합니다.

① 하나님을 온전히 신뢰할 때 정직할 수 있습니다.

Q 〈역대하〉 20장 20절 말씀을 기록해 보세요.

"옳다 옳다, 아니라 아니라." 할 수 있음은 그 속에 믿음이 있는 자만이 가능합니다. 손해 보는 것을 뻔히 알면서 아니라고 말하는 것은 쉽지 않습니다. 힘들거나 힘들게 될 줄 알면서도 YES나 NO를 분명히 하는 것은 쉽지 않은 용기입니다.

정직하게 사는 것은 힘이 듭니다. 그것이 이 시대의 현실입니다. 오히려 정직하지 못하고 불의나 편법을 일삼고 거짓말을 하는 사람이 더 형통한 것처럼 보입니다. 그러므로 힘들 것을 알면서도 정직하게 살아가는 것은 하나님을 온전히 신뢰할 때만 가능한 것입니다. 하나님은 거짓을 미워하시며 정직한 자를 형통하게 하신다는 것을 확신하는 것이 믿음입니다.

② 정직은 결과가 아름답습니다.

Q 〈신명기〉 6장 18~19절 말씀을 기록해 보세요.

하나님은 그리스도인들이 정직한 삶을 살기를 원하십니다. 그러나 쉽지만은 않습니다. 거짓은 당장 유익을 주지만 정직은 손해를 주기도 하기 때문입니다. 거짓은 순간의 기쁨을 주지만 정직은 고통을 주기도 합니다. 그래서 쉽게 거짓말을 합니다. 하지만 장기적으로 정직처럼 훌륭한 축복의 통로는 없습니다. 고통스럽고 힘들지만 정직은 결과가 아름답습니다. 분명 하나님은 정직 속에 축복의 씨앗을 담아 두셨습니다.

2. 유혹 이기기 훈련

다음의 6가지 사건이 우리에게 주어졌다고 생각해 봅시다. 과연 나는 이 사건을 어떻게 해결할 것이며 그 이유를 적어 봅시다. 그리고 실제적으로 이런 사건을 만났을 때 가장 극복하기 어려운 유혹 1위~6위까지 순위를 매겨 서로 비교해 봅시다.

	사 건	어떻게 할 것인가?	왜 그렇게 할 것인가?	잘못인가? 아닌가?	순위
1	운전 중에 실수로 주차되어 있던 고급 승용차와 부딪히게 되었다.				
2	우연히 핸드폰이나 컴퓨터를 통해 음란 사이트에 접속하게 되었다.				
3	오랜만에 반가운 친구를 만났다. 어쩔 수 없이 술자리를 대하게 되었다.				
4	물건을 구입하고 5,000원을 거스름돈으로 받아야 하는데 50,000원 짜리 지폐를 받게 되었다.				
5	믿지 않는 친지들로 인해 제사 자리에 서게 되었다.				
6	명절날 자연스럽게 고스톱을 즐기게 되었는데, 판돈이 커지게 되었다.				

작은 예수로 사는 사람

✢ 〈마태복음〉 5장 38~48절

38 또 눈은 눈으로, 이는 이로 갚으라 하였다는 것을 너희가 들었으나 39 나는 너희에게 이르노니 악한 자
를 대적하지 말라 누구든지 네 오른편 뺨을 치거든 왼편도 돌려 대며 40 또 너를 고발하여 속옷을 가지고
자 하는 자에게 겉옷까지도 가지게 하며 41 또 누구든지 너로 억지로 오 리를 가게 하거든 그 사람과 십 리
를 동행하고 42 네게 구하는 자에게 주며 네게 꾸고자 하는 자에게 거절하지 말라 43 또 네 이웃을 사랑하
고 네 원수를 미워하라 하였다는 것을 너희가 들었으나 44 나는 너희에게 이르노니 너희 원수를 사랑하
며 너희를 박해하는 자를 위하여 기도하라 45 이같이 한즉 하늘에 계신 너희 아버지의 아들이 되리니 이
는 하나님이 그 해를 악인과 선인에게 비추시며 비를 의로운 자와 불의한 자에게 내려주심이라 46 너희
가 너희를 사랑하는 자를 사랑하면 무슨 상이 있으리요 세리도 이같이 아니하느냐 47 또 너희가 너희 형
제에게만 문안하면 남보다 더하는 것이 무엇이냐 이방인들도 이같이 아니하느냐 48 그러므로 하늘에 계
신 너희 아버지의 온전하심과 같이 너희도 온전하라

세상 돌아보기

• **선전**(Adevertisement)

다른 사람에게 자신을 선전하고 홍보하는 시간입니다. 자신을 상징하는 그림과 선전 문구를 만들어서 자신을 소개해 봅시다.

자신을 상징하는 그림

광고나 홍보 문구

주님 알아가기

1955년 미국의 오리건 주에 '유게네'라는 작은 마을에서 있었던 일입니다. 그때는 지금처럼 방송이나 영화가 보편화되지 않았기에 동네를 돌아다니면서 영화 상영을 했습니다. 그때 이 작은 마을에는 1950~1953년에 걸쳐 일어난 한국전쟁을 주제로 한 다큐멘터리 영화가 상영되었습니다. 영화를 통해 비춰진 한국이라는 나라는 참으로 끔찍한 모습이었습니다. 문명의 혜택을 전혀 누리지 못한 미개인들과 전혀 다를 바가 없었습니다. 전쟁으로 인해 민간인만 10만 명이 죽고, 수많은 전쟁 고아가 생긴 것을 보게 되었습니다.

이 다큐멘터리 영화를 관심 있게 지켜보는 한 부부가 있었습니다. 그들은 비록 고등학교 밖에 나오지 못했지만, 믿음 생활을 잘하며 하나님의 말씀을 어떻게 지킬 것인가를 고민하며 살아가는 참 귀한 부부였습니다. 영화를 보고 돌아온 아내가 남편에게 이야기합니다.

"여보 오늘 밤에 봤던 영화가 제 머리 속에 계속 남아요. 그들을 잘 알지는 못하지만 저렇게 고통받고 있는 한국의 고아들을 우리가 입양하면 좋겠어요."

"여보 당신도 그런 생각을 했구려. 나도 그런 생각을 하고 있었소!"

부부는 곧바로 한국의 아이들을 입양하게 위해 입양단체에 문의를 했습니다. 입양할 수 있다는 반가운 소식을 들었습니다. 그러나 그들에게는 아이들을 입양해 키울 만큼의 경제적인 여유가 없었습니다. 할 수 없이 가지고 있던 농토의 반을 팔아 한국인 고아 여덟 명을 입양했습니다. 입양된 여덟 명의 아이들은 하나같이 바르고 건강한 믿음의 아이들로 자라났습니다.

이 후 아이들이 자라라는 것을 보고 아내가 또 이야기합니다.

"여보, 우리가 지금 여덟 명의 아이를 키우고 있지만 하나님은 우리가 더 많은 아이를 입양하길 원하시는 것 같아요."

남편도 그 말에 동의하듯 대답하였습니다.

"여보! 그러면 우리가 그렇게 가난하고 고통받는 한국으로 가면 어떨까?"

부부는 자기들에게 있는 마지막 농토까지 다 팔았습니다. 그 돈으로 한국으로 건너와 고아원을 짓고 전쟁 고아들을 돌보기 시작했습니다. 부부는 전쟁으로 인해 굶어 죽을 수밖에 없는 전쟁 고아들을 약 6만 6천 명이나 건강한 가정에 입양을 시키고 수만 명의 아이를 한국에서 돌보았습니다. 그는 바로 '홀트 아동복지회'를 설립한 해리 홀트(Harry Holt)입니다.

1. 참된 그리스도인으로서 실제적인 삶을 실천하며 살아가지는 않는다는 것이 문제입니다.

① 하나님의 아들로서 그리스도인다운 삶을 살아가야 합니다.

Q 〈빌립보서〉 1장 27절 말씀을 기록해 보세요.

예수 그리스도의 십자가 공로를 믿으며 구주로 영접하면 구원을 받는다는 사실을 누구보다 잘 알고 있지만 참된 그리스도의 제자요, 구원 받은 주의 백성이라면 우리들의 삶에는 주님의 사랑과 십자가의 갚을 수 없는 은혜가 넘쳐나야 합니다.

② 하나님의 아들로서 모든 사람을 사랑하는 삶을 살아가야 합니다.

Q 〈요한일서〉 2장 10절 말씀을 기록해 보세요.

가까이에 있는 배우자나 자녀, 형제, 함께 신앙생활을 하는 성도로부터 더 나가서 주위의 모든 사람까지 사랑해야 합니다. 예수 믿는 사람이 일평생 살아가면서 반드시 한번은 들어야 할 말이 있다면, "당신을 바라보면 꼭 예수님을 보는 것만 같습니다." "당신은 꼭 작은 예수님 같습니다."라는 말일 것입니다. 평생을 교회에 다니고 예수를 믿었지만 이런 말을 한번도 들어보지 못했다면 부끄럽게 생각해야 합니다. 많은 것을 아는 척하고, 대단히 거룩한 척 해도 바리새인들과 무슨 차이가 있는지 생각해 보아야 합니다.

주님 바라보기

어느 부부가 부부싸움을 했습니다. 서로 보기도 싫고 말도 하기 싫습니다. 서로 먼저 사과하기를 주장하며 말도 하지 않고 대립하고 있습니다. 그러던 중 남편이 중요한 출장을 가야 할 일이 생겼습니다. 남편은 과중한 업무로 인해 아침에 일찍 일어나지 못할 것 같았습니다. 알람을 맞추어도 일어나지 못하고 실수한 적이 많았기 때문입니다. 아침에 일찍 일어나야 출장을 갈 수 있는데, 아무래도 일어나는 것이 가장 큰 걱정이었습니다. 할 수 없이 아내에게 부탁하기로 했습니다. 그런데 먼저 다가가서 아침에 깨워 달라고 말해야 하는 것이 마음에 내키지 않았습니다. 꼭 지는 것 같고 자존심도 상하는 것 같았습니다. 그래서 메모지에다 글을 남겼습니다.

"내일 아침에 중요한 출장을 가야 하니 나를 꼭 6시에 깨워!"라고 글을 적고 아내가 잘 볼 수 있도록 냉장고에 붙여놓았습니다.

그런데 다음날 아침에 눈을 떠 보니 해는 이미 떴고 시간은 벌써 8시가 넘어 버렸습니다. 출장이고 뭐고 큰일 났습니다. 너무나 화가 나서 아내에게 소리쳤습니다. "내가 아침에 깨워 달라고 그렇게 부탁을 했는데 깨우지 않으면 어떻게 하란 말이야!"

아내는 남편의 얼굴을 보지도 않고 이렇게 말했습니다. "당신 침대 옆에 가 보세요."

침대에 가보니 남편이 붙여 놓았던 메모지와 똑같은 메모지가 한 장 붙어 있었습니다. "여보, 6시예요. 일어나세요."

메모지로 적었으니까 메모지로 갚아 준다는 것입니다.

Q **〈마태복음〉 5장 39~42절 말씀을 기록해 보세요.**

우리는 삶의 크고 작은 부분에서 눈은 눈으로 이는 이로 갚으려고 하는 본성이 있습니다. 그러나 주님 앞에 이런 모습은 빨리 회개하고 우리의 삶의 모습을 바꾸어야 합니다.

1. 바리새인은 하나님 말씀을 변질시키고 바꾸어 버릴 때가 많았습니다.

Q 〈레위기〉 19장 18절 말씀을 기록해 보세요.

Q 〈마태복음〉 5장 43절 말씀을 기록해 보세요.

우리에게 주시는 메시지는 말하는 것의 능력을 이야기하는 것이 아닙니다. 행함의 능력을 보여 주라는 것입니다. "어렵지만 이것 해라, 저것 해라!", "이쪽을 때리면 저쪽을 돌려대라." 이런 것이 아닙니다. 우리가 이웃을 사랑하되 진심으로 사랑하라는 것입니다. 우리가 생각하는 이상으로 더 많이 사랑하라는 메시지입니다.

2. 우리에게 주신 삶의 기준은 조금 더 사랑하라는 것입니다.

① 당한 만큼 갚아 주는 동해 복수법을 이야기하는 것이 아닙니다.

Q 〈출애굽기〉 21장 24~25절 말씀을 기록해 보세요.

모세의 율법에서 중요한 원칙은 누군가 죄를 범하면 그 범한 죄의 중량만큼 벌도 따라가야 합니다. 이것으로 보복의 율법이 되어 버립니다. 내가 해를 당한 것을 그대로 해 주는 것입니다. 상대방이 눈을 해치면 똑같이 상대방의 눈을 해치는 것입니다. 저 사람이 데이게 만들었으면 똑같이 저 사람도 데이게 만드는 것입니다. 저 사람이 팔 한쪽에 해를 입히면 나도 똑같이 팔 한쪽을 해하는 것입니다. 똑같은 내용과 방법으로 복수하는 것입니다.

그러나 주님은 그렇게 말씀하지 않으십니다. 주님은 우리를 향하여 한 번도 네가 당한 만큼 갚아주라고 말씀하지 않으십니다. 그런데도 바리새인들은 자기 마음의 만족을 위해 이렇게 잘못된 해석을 하고 있는 것입니다.

② 우리를 보호하기 위한 하나님의 마음입니다.

Q 〈로마서〉 5장 8절 말씀을 기록해 보세요.

예수님은 사랑의 법을 우리에게 말씀하신 것입니다. 이런 그리스도의 사랑 때문에 우리는 마땅히 죽어야 할 심판의 자리에서 용서를 받을 수 있었던 것입니다.

원수 되고 죄인 된 우리들을 향하여 하나님은 공의와 복수의 법이 아닌 사랑의 법을 적용시켰기 때문에 지금 우리가 구원을 받고 죄사함을 받고 영생함을 얻게 된 것입니다. 주님은 우리가 그 사랑의 법으로 구원을 받았으니 이제는 너희도 남은 인생을 작은 예수로 살아야 한다는 것입니다.

만일 이런 법을 만들어 놓지 않으면 늘 약자는 항상 피해만 입고 강자에게 억압받고 살 것입니다. 그래서 하나님이 약자를 보호하시기 위해서 하신 말씀입니다. 진짜 눈을 빼고 손을 자르라는 말이 아닙니다. 똑같이 갚아주라는 이야기가 아닙니다. 강자 앞에 약자를 보호하는 것이고 모든 일에 그 이상도 그 이하도 아닌 하나님의 정의인 것입니다.

① 개인적인 모욕이나 손해에도 복수하지 말아야 합니다.

Q **〈마태복음〉 5장 39절 말씀을 기록해 보세요.**

솔직히 오른편 뺨을 친다는 것이 이해가 잘 되지 않습니다. 유대인들에게 왼손은 정말 의미 없고 불결한 손입니다. 인도 사람들도 오른손은 밥 먹는 손이고 왼손은 볼일을 보고 처리할 때 사용하는 손입니다. 그래서 왼손잡이에 대해서 사회적으로 좋지 못한 편견이 있습니다. 따라서 대다수 사람은 오른손을 사용하고, 따귀를 때린다고 해도 오른손으로 때리는 것이 정상입니다. 오른손으로 상대방의 뺨을 때리면 상대방은 당연히 왼편이 맞게 됩니다. 그렇다면 오른손을 사용하는 유대인이 오른편 뺨을 친다는 것은 오른손 손등으로 상대방의 오른편 뺨을 친다고 볼 수 있습니다. 오른편 뺨을 맞는다는 것은 아프거나 고통스러운 것이 문제가 아니라 말할 수 없는 수치와 모욕이 섞인 대접이라는 것입니다. "너는 쓰레기야. 손으로 때릴 가치도 없는 놈이야."라는 어투가 포함되어 있는 행동이라는 것입니다.

주님은 그런 모욕을 당해도 복수하지 말라고 말씀하십니다. 오히려 그렇게 모욕을 당해도 상대방을 배려해서 한쪽도 더 갖다대라고 말씀합니다. 모욕을 당할지라도 반응하지 말고 복수할 생각도 하지 말라는 것입니다.

② 해를 끼치는 자에게 대항하지 말고 권리를 포기해야 합니다.

Q 〈마태복음〉 5장 40절 말씀을 기록해 보세요.

속옷은 '키톤'이라고 합니다. 유대인들의 속옷은 우리의 속옷과 모양이 전혀 다릅니다. 남자들이 입는 속옷은 팔 있는 러닝셔츠처럼 소매가 달려 있고 여자들의 속옷은 원피스처럼 통으로 짜여져 그냥 위에서부터 입으면 되는 것입니다.

겉옷은 '히마티온'이라고 합니다. 겉옷은 오늘날 가운과 비슷한 형태의 옷입니다. 속옷은 위에서부터 아래로 통으로 뚫려 있는 옷이지만 겉옷을 그냥 걸칠 수 있는 것입니다. 그렇게 하고 허리에는 띠를 맵니다. 권세 있는 사람이나 부자에게 겉옷은 자기의 신분과 명예를 나타내기 위한 것이기도 하지만 대다수의 가난한 백성은 겉옷을 여러 용도로 사용합니다. 일상생활에서는 몸을 보호하는 겉옷이지만 밤에는 이불로도 사용됩니다. 당시 팔레스틴 지방은 일교차가 심해서 밤이 되면 기온이 급속도로 떨어집니다. 그때 겉옷은 생명을 보호하기 위한 도구로 요긴하게 쓰입니다.

이런 상황을 이해한다면 본문 말씀이 좀 더 구체적으로 다가옵니다. 상대방이 속옷을 달라고 할 때 하나님이 우리에게 요구하는 사랑의 모습은 그 소중한 겉옷까지 벗어 줄 수 있어야 한다는 것입니다. 자기의 소중한 권리를 포기할 수 있는 마음이 있어야 한다는 것입니다. 형제를 송사한다는 것은 그 자체가 하나님의 영광을 가리는 불의한 일입니다. 차라리 손해를 보며 속는 것이 낫다는 말씀입니다.

③ 주의 영광을 위하여 불의한 일을 당할 수 도 있습니다.

Q **〈고린도전서〉 6장 7절 말씀을 기록해 보세요.**

하나님은 우리에게 불의를 당하라고 말씀하십니다. 속아주라고 말씀하십니다. 이기적인 사람들이 너무 많은 현대 사회에서 그리스도인들만큼은 알면서 속아주라는 것입니다.

④ 관대한 마음으로 모든 일을 감당해야 합니다.

Q **〈마태복음〉 5장 41절 말씀을 기록해 보세요.**

당시 로마법에는 로마 군인들이 행군할 때 이스라엘 백성을 강제로 징용하여 끌고 갈 수 있는 법이 있었습니다. 그러나 무조건 먼 길을 끌고 갈 수는 없었습니다. 헬라어 성경에 보면 '한 미리온'이라고 되어 있습니다. 영어 성경에 보면 '마일'이라고 되어 있습니다. 1마일 가자고 할 때 2마일 가주라고 한 것을 한글 성경으로 번역을 할 때 "오 리를 가자고 할 때 십 리를 동행하라."고 말씀하신 것입니다.

로마 군병들은 필요할 때 식민지 백성들에게 요구할 수 있었습니다. "야, 이리와! 오늘 너는 내 짐을 대신 지고 따라와야 해!"라고 지적 받은 사람은 무조건 따라가야 합니다. 그렇지만 로마법으로 하루 종일은 아니고 최대 12km까지 가야 했습니다. 선택에는 아무런 기준도 이유도 없습니다. 돈을 받거나 대가가 지불되는 것도 아닙니다. 분노와 고통의 길이지만 억지로 가야만 했습니다.

하나님은 우리에게 이런 일도 관대한 마음으로 하라고 말씀하십니다. 우리의 신앙은 한마디 말에 있지 않습니다. 비록 내가 불편하고 힘들어도 나로 인해 타인이 편안하고 행복할 수 있다면 우리가 희생해야 합니다. 그것이 우리의 십자가입니다. 우리가 예수님을 믿기 때문에 우리가 져야할 십자가인 것입니다.

⑤ 계산하지 않고 도움의 손길을 베풀어야 합니다.

Q 〈마태복음〉 5장 42절 말씀을 기록해 보세요.

구약시대에는 '차용법'이라는 안식년 제도가 있었습니다. 7년마다 안식년이 돌아오면 액수가 얼마였든 간에 모든 부채가 탕감 되는 법이었습니다. 바리새인들은 이런 법에 대해서 잘 알고 있습니다. 그래서 머리를 쓰는 것입니다. 안식년이 가까워 오면 절대로 돈을 빌려 주지 않습니다. 시간만 되면 무조건 간에 돈을 탕감받게 되니 빌려 주지 않는 것입니다. 옆에 사람이 당장 먹을 것이 없고 아파 죽을 것 같아도 안식년이 되면 절대로 돌려받지 못한다는 계산을 하고 빌려 주지 않는 것입니다. 무조건 빌려 줘야 한다는 것보다 알면서도 속아주라는 것입니다. 계산하지 말고, 힘들고 어려운 이웃을 보면 도와주고 싶은 마음이 먼저 생겨야 한다는 것입니다.

이것이 바로 그리스도인의 삶입니다. 우리의 삶에 나눈다고 하는 것은 하나님이 우리에게 주신 짐이 아니라 축복입니다.

주님과 동행하기

1. 항상 기도하며 사랑하기를 연습해야 합니다.

Q 〈마태복음〉 5장 44절 말씀을 기록해 보세요.

원문에는 본문 말씀을 "너희 원수를 사랑하며 너희 저주하는 자를 축복해 주며 너희를 미워하는 자를 선대하고 너희 핍박하는 자를 위하여 기도하라."라고 기록하고 있습니다.

Q 〈마태복음〉 5장 45절 말씀을 기록해 보세요.

이 정도는 되어야 "정말 작은 예수로 살고 있구나!"한다는 것입니다. 그때 하나님이 우리를 하나님의 아들로 인정하신다는 사실입니다.

2. 하나님을 따라 거룩한 삶을 살기를 연습해야 합니다.

Q 〈마태복음〉 5장 46~47절 말씀을 기록해 보세요.

참으로 어려운 말씀이 아닐 수 없습니다. 그러나 우리가 그렇게 노력하지 않으면 세상 사람과 다를 바가 없다는 것입니다.

Q 〈마태복음〉 5장 48절 말씀을 기록해 보세요.

온전하다는 것은 '텔레이오스'라는 단어로 '목표', '목적'이라는 뜻입니다. '목표에 이른다'라는 뜻을 가지고 있습니다. "하늘에 계신 하나님의 온전하심과 같이 온전하라."는 것은 거기에 우리의 목표를 두고 달려 가라는 것입니다. 노력하고 훈련하라는 것입니다. 원수를 사랑하는 것이 불가능하다고 생각하는 우리의 생각을 바꾸라는 말씀입니다.

3. 원수도 사랑하며 축복하기를 연습해야 합니다.

Q 〈고린도전서〉 4장 20절 말씀을 기록해 보세요.

우리는 원수들의 어떤 고통스러운 비난과 핍박도 받아드려야 합니다. 상대방이 비난하면 오히려 나 자신을 돌아보는 자기 성찰의 기회로 삼아야 합니다. 하나님에게 이길 힘을 달라고, 사랑할 수 있는 힘을 달라고 기도해야 합니다.

우리를 힘들게 하는 원수가 있다면 그를 위해 간절히 기도하며 복을 빌어주어야 합니다. 그들이 복 받을 자격이 되지 않아 복을 받아들이지 못한다면 그 복은 우리의 것이 될 것입니다. 누구에게나 싫은 사람, 미운 사람이 있습니다. 그런 사람은 시간이 지난다고 잊어버릴 수 있는 사람이 아닙니다.

주님은 우리를 향하여 도전을 주셨습니다.

"너희들이 구원받는 것으로 만족하지 말아라!"

"이 땅에서 구원받은 사람은 작은 예수로 살아라!"

사랑하기를 훈련하고 기도하며 실천하여 작은 예수로 살아가시기를 바랍니다.

4. 과거의 경험 중 사람과의 관계 속에서 후회했던 경험을 나누어 봅시다.

조금 더 참고 이해하고 배려하지 못했던 아쉬움을 나누면서 작은 예수로 살아가는 삶이 되길 소원합니다.

하늘의 법칙 07

은밀한 곳에서 찾은 행복

〈마태복음〉 6장 1~4절

1 사람에게 보이려고 그들 앞에서 너희 의를 행하지 않도록 주의하라 그리하지 아니하면 하늘에 계신 너
희 아버지께 상을 받지 못하느니라 2 그러므로 구제할 때에 외식하는 자가 사람에게서 영광을 받으려고
회당과 거리에서 하는 것 같이 너희 앞에 나팔을 불지 말라 진실로 너희에게 이르노니 그들은 자기 상을
이미 받았느니라 3 너는 구제할 때에 오른손이 하는 것을 왼손이 모르게 하여 4 네 구제함을 은밀하게 하
라 은밀한 중에 보시는 너의 아버지께서 갚으시리라

세상 돌아보기

• 대신 대답해 주기

두 사람이 한 쌍을 이루어 아래의 질문들에 대답해 봅시다.

주 제	대 답
1. 이름이 무엇입니까?	
2. 하는 일은 무엇입니까?	
3. 일곱 살 때 당신의 모습은?	
4. 가장 기억에 남는 영화는 무엇입니까?	
5. 이 모임에 참여하게 된 이유는 무엇입니까?	

주 제	대 답
1. 가장 가고 싶은 여행지	
2. 생활신조	
3. 취미 활동	
4. 좋아하는 TV 프로그램	
5. 좋아하는 음식	
7. 좋아하는 찬양	
8. 좋아하는 성경 인물	

주님 알아가기

예기치 못했던 질병으로 하반신을 쓸 수 없게 된 한 부인이 있었습니다. 예수님을 신실하게 믿는 사랑스런 여인이었으나 그녀에게 찾아온 육신의 고통은 큰 충격이었습니다. 고통과 아픔 속에서 살아가던 그녀는 어느 순간 몰랐던 사실을 깨닫게 되었습니다. 그것은 자신이 육신적인 고통과 아픔을 직접 경험하니 아픈 사람의 심정이 이해되고 궁핍한 사람들이 눈에 들어오기 시작하는 것이었습니다. 병원에서 치료를 받던 중 어느 잡지에서 고통받는 한국 소식을 접하게 됩니다. 1950년대까지만 해도 한국은 그렇게 알려진 나라가 아니었습니다. 간혹 알고 있던 사람도 그저 동방의 미개한 나라 정도로 이해하고 있을 뿐이었습니다. 잡지에 실린 내용은 한국전쟁 이후에 수많은 전쟁 고아가 길거리로 내몰렸고, 먹을 것이 없는 아이들이 고통 속에 죽어 간다는 이야기였습니다.

여인은 잡지를 본 후 오랜 시간이 지나도 그 기사가 머리에서 떠나지 않았습니다. 그녀는 그때부터 자신의 치료비를 쪼개기도 하고 남편이 준 돈을 모으고 절약해서 한국에 구제비로 보내기 시작했습니다. 이렇게 은밀하게 보내던 돈이 어느새 작은 고아원을 세울 만큼 되었습니다. 부인은 마지막 숨을 거둘 때까지 한국 고아와 불쌍한 자들을 위하여 후원을 아끼지 않았습니다. 옆에 있던 남편도 여인이 그렇게 최선을 다해 구제하는 것을 알지 못했다고 합니다. 아내가 하나님 곁으로 가고, 아내의 유품과 서류를 정리하던 중에 알게 된 것입니다. 아내가 한국에 후원을 했던 것과 작은 고아원을 세웠던 것, 그리고 죽기 전까지도 지속적으로 남몰래 후원했던 것을 말입니다.

남편은 큰 충격을 받았습니다. 그래서 아내가 후원을 하던 한국이라는 나라가 도대체 어떤 나라인지 살펴보았습니다. 또 아내에게 무슨 일이 있었기에 이렇게 은밀하게 일했는지 궁금하여 한국을 방문하게 되었습니다. 남편이 부산에 도착했을 때 아내가 후원했던 고아원이 이제는 조그마한 학교가 되어 있었습니다. 한국에서 아내가 후원했던 나라와 이루어 낸 모든 업적을 본 남편은 아내의 그 아름다운 헌신을 중단할 수 없었습니다. 그래서 다시 고향으로 돌아와 재산과 집을 다 팔아서 6만 불 정도 마련하였습니다. 우리나라 돈으로 7천만 원이 훨씬 넘는 돈이었습니다. 오늘날은 그렇게 큰돈이 아닐지 몰라도 당시에는 엄청나게 큰 돈이었습니다. 남편은 그 돈을 가지고 다시 한국으로 왔습니다. 아내가 세웠던 고아원과 작은 학교를 새롭게 짓고 특히 불쌍한 전쟁 고아들, 소외 받는 아이들을 무료로 가르치고 입히고 먹였습니다. 그 학교는 죽은 부인의 이름을 따서 '이사벨'이라는 이름이 붙여졌습니다. 바로 지금 부산에 있는 '이사벨 여자 중고등학교'입니다.

여전히 세상에는 가난하고 굶주리고 고통 당하는 사람들을 남몰래 도와주는 신실한 그리스도인이 많이 있습니다. 우리는 그런 분들의 헌신과 이름 없는 구제를 꼭 기억해야 합니다. 하나님은 우리를 향해 이 여인처럼 학교와 고아원을 세우는 위대한 일 뿐 아니라, 주변에 있는 가난하고 고통받는 소외된 사람들을 향해 은밀한 구제의 삶을 살라고 말씀하고 계십니다.

1. 그리스도인들은 종교적인 과시를 주의해야 합니다.

① 사람들은 누구나 자신이 한 일을 드러내고 싶어 하는 욕망이 있습니다.

Q **〈마태복음〉 6장 2절 말씀을 기록해 보세요.**

"내가 했다! 내가 이정도 된다." "내가 이만큼 헌금했고, 이만큼 기도했고, 이만큼 위치가 되고, 이 일을 이루었고, 내가 구제했다."

인간은 이렇게 자기를 드러내려는 본성이 있습니다. 그러나 하나님은 그렇게 드러내는 구제나 섬김, 종교적인 과시를 굉장히 불쾌하게 생각하셨습니다.

② 좋지 못한 동기의 구제는 주님이 인정하시지 않으십니다.

Q **〈마태복음〉 6장 1절 말씀을 기록해 보세요.**

이미 자신이 받을 상을 다 받았기에 하나님에게 받을 상은 없다는 것입니다. 주님의 시선으로는 바람직한 그리스도인의 모습이 아니라는 것입니다.

'미숙씨'와 '성숙씨'를 아십니까? 미숙씨는 사람들이 알아주고 자신의 얼굴과 이름이 드러나길 좋아합니다. 반면 성숙씨는 세상의 모든 사람이 알아주지 않더라도 하나님 한 분만 알아주시면 된다고 생각하는 사람입니다.

그리스도인 누구나 성숙씨가 되어야 하는데 미숙씨가 훨씬 더 많은 것 같습니다. 반대로 이런 경우도 있습니다. 본문의 말씀을 잘못 해석해서 구제는 무조건 철저하게 숨겨야 된다는 것입니다. 섬기는 것보다 숨기는 데 더 애를 쓰고 자기의 선행과 구제가 드러나면 그만 중단해 버리기까지 합니다. "이제 이것은 하나님의 영광을 가리기 때문에 더 이상 할 수 없겠구나!" 라고 하면서 말입니다. 이것도 극단적이며 잘못된 것입니다.

③ 의도와 목적이 중요합니다.

열심히 섬기면 자연스럽게 드러날 수도 있습니다. 그렇지만 의식하지 않아야 한다는 말씀입니다. 드러나는 것에 대해서 복잡하게 생각하고 그것에 대해 너무 부담을 느끼는 것이 아니라 하나님 앞에 참된 그리스도인으로서 살아가면서 소외 받고 가난하고 불쌍한 분들을 향하여 구제하고 섬기는 것을 기쁘게 여기며 단순하고 순수하게 그 일을 계속하면 되는 것입니다. 날마다 하나님과 인격적인 관계 속에서 사람이 알아주든 알아주지 않든 지속적으로 다른 사람의 유익을 위해서 최선을 다하는 사람이 성숙한 그리스도인이며 멋진 인생을 살아가는 사람입니다.

주님 바라보기

블레이크 마이코스키(Blake Mycoskie)가 창업한 '탐스 슈즈(Toms shoes)'라는 유명한 신발 브랜드가 있습니다. 그는 신실한 그리스도인이었지만 다섯 번이나 사업이 망해 좌절을 겪었습니다. 그 후 어떻게 살 것인가를 고민하다가 2006년에 남미로 여행을 떠나게 됩니다. 여행 중에 남미의 오지에서 충격적인 장면을 보게 됩니다. 어떤 여자 선교사님 한 분이 신발을 신지 못하는 아이들에게 손수 신발을 만들어 신겨 주는 모습이었습니다. 아이들은 수십 킬로미터를 오고 가면서 물을 구하러 다니기도 하고 먹고 살기 위해 많은 일을 해야 했기에 신발이 필수적이었습니다. 그러나 신발이 제대로 보급되지 못했던 탓에 아이들은 대부분 맨발로 다녔습니다. 그래서 상피병이 생기고 망가져 발을 절단할 수밖에 없는 아이들도 생겨났습니다. 그런 안타까운 사정을 지켜보던 선교사님이 손수 신발을 만들어 주었던 것입니다.

블레이크 마이코스키는 그 광경을 보고 충격과 감동을 받았습니다. 그리고 하나님이 그에게 한 가지 아이디어를 주시는 것이었습니다. 이런 오지에서 신을 수 있는 적당한 신발의 재료가 생각난 것입니다. 그는 그것으로 신발을 만들어 저 가난한 아이들에게 나눠 주어야겠다는 결심을 하게 됩니다. 신발 한 켤레를 고객에게 팔 때마다 한 켤레는 오지의 아이들에게 기부하기로 한 것입니다. 그래서 '원 포 원(one for one)' 제도를 내세워 신발 회사를 창업하게 됩니다. 그는 이후에 이것을 잘 실천했습니다. 그렇게 해서 탐스 슈즈가 세워졌고 하나님은 그 회사에 많은 복을 주셨습니다. 한 켤레를 팔고 한 켤레를 그냥 주면 기업 운영이 어려워져야 할 텐데 회사는 더욱 성장하였고 지금은 세계적인 기업이 되었습니다.

1. 하나님의 관심

① 하나님은 가난하고 불쌍한 사람을 깊이 생각하십니다.

Q 〈신명기〉 14장 29절 말씀을 기록해 보세요.

세상에 마땅히 무시하고 외면해야 할 사람은 아무도 없습니다. 하지만 말씀 속에 예수님은 불쌍하고 소외 받는 자들과 함께하고 그들을 깊이 생각하십니다. 그것 때문에 오히려 바리새인들로부터 비판을 받기도 합니다. 정작 자신들은 속에 온갖 더러운 것들이 가득하고, 악한 탐심이 가득하면서 불쌍하고 가난한 자들을 깊이 생각하고 함께하시는 예수님을 정죄하고 비난했던 것입니다. 그럴지라도 예수님은 가난한 자들의 친구가 되셨습니다. 소외 받는 자들의 이웃이 되어 주셨습니다. 그것은 바로 주님이 우리도 그렇게 살기를 바라시며 모범을 보여 주신 것입니다.

② 하나님은 참된 경건을 깨닫기를 원하십니다.

Q 〈야고보서〉 1장 27절 말씀을 기록해 보세요.

주님은 우리에게 경건에 대해서 분명한 말씀을 주고 계십니다. 한국 사람들은 유교적인 정신문화 속에서 경건에 대해 잘못 해석할 때가 많습니다. 행동의 경건이 신앙의 경건이라고 생각합니다. 예수 믿는 사람은 남들보다 많이 웃고, 많이 감사해야 합니다. 때로는 조건과 상관없이 "높은 산이 거친 들이 초막이나 궁궐이나 내 주 예수 모신 곳이 그 어디나 하늘나라 할렐루야!" 찬양하고 기뻐하며 주님과 교제하며 행복하게 사는 것이 당연한 그리스도인의 삶입니다.

하지만 우리의 유교적인 생각에 "채신머리 없다. 경건하지 못하다."라고 할 때가 많습니다. "어디 그렇게 경거망동하게 웃고 있어? 점잖게 행동해야지!" 그것을 경건이라고 생각하는 것입니다. 걸음도 너무 빠르면 안 되고, 음성도 너무 높으면 안 됩니다. 이런 모습을 경건하다고 생각합니다.

Q 〈신명기〉 15장 10절 말씀을 기록해 보세요.

하나님은 가난한 자와 구제 받아야 할 자를 깊이 생각하셨습니다. 여전히 과부나 고아처럼 정말 불쌍한 분들이나 소외받는 분들을 이야기하면서 베풀고 도와주라고 말씀하십니다. 그것도 '반드시'라는 단어를 강하게 사용하고 있습니다. 해도 되고 안 해도 되는 것이 아닙니다. 하나님의 자녀면 반드시 구제해야 됨을 말합니다.

그것도 아끼는 마음을 품지 말 것까지 명령합니다. 이것이 하나님이 우리에게 주신 말씀입니다. 하나님은 세상에서 버림 받고 무시받는 사람들을 향하여 그들을 불쌍히 여기시고 긍휼히 여기십니다. 연약한 사람을 불쌍히 여기고 도와주는 것이 긍휼입니다. 가난한 사람을 불쌍히 여기고 구제하는 것이 긍휼입니다. 죄인임을 인정하는 사람을 불쌍히 여기고 마음으로부터 용서하는 것이 긍휼입니다. 고난 중에 있는 사람을 불쌍히 여기고 도와주는 것이 경건입니다.

척 스윈돌(Chuck Swindoll)의 《그리스도를 본받는 생활》이라는 책에 보면 우리가 어떻게 구제하며 살아야 되는가를 하나의 실화로 이야기하고 있습니다.

2차 세계대전 직후에 있었던 일입니다. 미국의 어느 병사가 영국으로 파견되어 근무하게 되었습니다. 런던 시내를 갔다가 다시 부대로 자동차를 몰고 돌아가는 길이었습니다. 부대로 들어가는 길에서 우연히 옆을 보았는데, 남루한 복장을 한 아이 하나가 보였습니다. 아이는 빵집 유리창에 코를

박고 침을 꿀꺽 삼키며 안쪽을 쳐다보고 있습니다. 단번에 굶주린 아이가 빵이 너무 먹고 싶어서 바라만 보고 있다는 것을 알 수 있었습니다. 병사는 차를 뒤로 물려서 아이에게 물었습니다.

"얘야. 빵이 먹고 싶은 거구나." 아이는 아무 말도 하지 않습니다.

병사는 조용히 아이의 손을 잡고 빵집 안으로 들어갔습니다. 갓 구워 낸 맛있는 빵을 사서 아이의 품에 안겨 주면서 말했습니다. "맛있게 먹어라."

그리고 뒤를 돌아 빵 가게에서 나왔습니다. 그런데 아이가 나가던 병사의 팔을 잡고 물끄러미 바라보며 물었습니다.

"아저씨! 아저씨!"

"왜 그래?"

"제가 궁금한 것이 있어요."

"그게 뭐니?"

"혹시 아저씨가 하나님이세요?"

그 아이의 눈에는 아무 이유나 조건 없이 자신에게 빵을 사 주는 그 아저씨가 혹시 하나님이 아닌가 하는 생각이 든 것입니다.

③ 하나님은 진실된 구제를 기뻐하십니다.

Q 〈이사야서〉 58장 10절 말씀을 기록해 보세요.

정말 배고파하고, 괴로워하는 자의 마음을 이해하고 함께한다면 하나님은 우리가 흑암 중에 있더라도 빛을 발하게 될 것입니다.

Q 〈이사야서〉 58장 11절 말씀을 기록해 보세요.

일반적으로 우리는 앞의 10절 말씀은 무시하고 뒤에 11절 말씀만 좋아합니다. "내 인생이 물댄 동산 같고 물이 끊어지지 아니하는 샘 같을 것이다" 아주 멋진 축복의 말씀입니다. 하지만 10절에 그 전제가 있습니다. 우리의 인생이 물 댄 동산 같고 끊어지지 아니하는 샘 같은 행복한 인생이 되기를 원한다면 주린 자에게 우리의 심정이 동하며 괴로워하는 자의 심정을 만족하게 하는 삶의 모습이 있어야 한다는 것입니다.

④ 우리가 하는 구제는 바로 하나님에게 받은 은혜에 대한 감사의 표현이 되어야 합니다.

Q 〈신명기〉 15장 10절 말씀을 기록해 보세요.

우리가 그저 동냥하는 것이나 자선을 베푸는 것처럼 하라는 것이 아닙니다. 우리가 하나님에게 받은 은혜에 대한 감사의 표현이 되어야 합니다. 〈갈라디아서〉 2장과 〈디모데전서〉 6장을 보면 우리가 구제하며 섬기고 남을 위하여 베풀어야 하는 것은 하나님의 명령이라 말씀하고 있습니다. 명령을 지키면 복이지만 지키지 않으면 하나님의 책망이 있는 것입니다. 복음으로 부요하게 된 성도는 마땅히 이웃을 향해 가난한 형제를 돌보아야 합니다.

초대교회 때도 그런 모습이었습니다. 많은 사람이 끊임없이 피난 와서 머물게 됩니다. 가난한 자들이 많이 늘어날 수밖에 없었습니다. 사람들은 저마다 불평하기 시작했습니다. 자신도 먹을 것이 없는데 피난 온 사람들까지 돌봐야 하느냐는 것이었습니다. 그래도 그들은 있는 힘을 다해 도와주었고 함께했습니다.

가난하고 불쌍한 자의 구제를 교회와 성도가 떠맡는다는 것을 부담이라고 생각해서는 안 됩니다. 오히려 그것은 축복의 통로가 되고 우리를 성도답게 만드는 것입니다.

2. 구제는 동기와 방법이 중요합니다.

① 기독교는 구제와 사랑의 종교입니다.

Q 〈디모데전서〉 6장 18절 말씀을 기록해 보세요.

복음 전파는 반드시 구제와 함께 시행됩니다. 때로 그 동기가 잘못된 분들도 있습니다. 자기가 옛날에 죄를 지었고 그 부분에 죄의식이 있기 때문에 내가 구제하면 마음이 좀 편안하고 죄에 대해 용서함을 받을 것 같아서라는 것입니다. 이것은 구제의 동기가 될 수 없습니다. 어떤 분은 우월감을 통하여 자기만족을 드러내기 위해 구제하는 사람이 있습니다. "옛날에는 나도 가난했지만 이제는 이만큼 잘살게 되었으니까 구제할 만하지!"라며 우쭐해 하면서 구제하는 모습입니다. 그것도 하나님이 기뻐하시는 것은 아닙니다. 구제는 구제받는 분들의 처지를 안타까워하고 함께하는 것입니다.

우리나라에 선교사들이 처음 와서 "예수 믿으십시오. 예수 믿으면 천국 갑니다."라고 일방적으로 전도만 하지 않았습니다. 그들은 복음도 전했지만 아픈 사람들을 위해 의료사업으로 구제했습니다. 정말 불쌍하고 먹을 것이 없는 아이들은 거두어서 먹을 것도 주었습니다. 지금도 마찬가지입니다. 복음이 전해지는 곳에는 반드시 구제가 함께 시행되고 있습니다.

'기아대책'이라는 단체가 있습니다. 그들의 모토는 '빵과 복음'입니다. 영양실조로 죽어가는 아이들에게 "예수 믿어라! 예수 믿어야 살 수 있다."라고 아무리 복음을 전해도 지금 당장 그 아이들에게 필요한 것은 먹을 것입니다. 그들이 필요로 하는 빵을 주며 먹게 한 다음 복음을 전하는 것입니다. 그래서 기아대책은 그 아이들의 빵과 삶을 책임지고 난 다음에 복음을 전하고 있습니다.

② 주님이 구제를 명령하시는 이유는 사람을 사랑하기 때문입니다.

Q 〈고린도전서〉 13장 3절 말씀을 기록해 보세요.

죽어가는 어떤 사람도 귀하지 않은 영혼은 없습니다. 우리나라가 이렇게 잘 살기 시작한 것도 불과 얼마 전입니다. 전쟁의 잿더미 속에서 미군의 구호품과 밀가루를 받아 밀면을 만들어 먹고, 초콜릿과 우유가루를 받아 먹던 시절이 있었습니다.

하나님은 우리나라에 얼마나 많은 복을 주셨는지 모릅니다. 이제 다른 나라를 돕고, 섬길 수 있는 위치가 되었습니다.

Q 〈사도행전〉 10장 4절 말씀을 기록해 보세요.

〈사도행전〉 10장에 '고넬료'라고 하는 이방인 장교가 나옵니다. 로마 식민지인 이스라엘에 파견된 로마군 장교였습니다. 그는 이스라엘에 와서 그리스도의 복음을 받아들이게 됩니다. 그리고 했던 일이 불쌍한 식민지 백성들을 돌보고 그들을 구제하고 회당을 세우는 일이었습니다. 고넬료의 섬김과 기도를 하나님이 기억하셨습니다. 사람이 알아주지 않아도 괜찮습니다. 내가 섭섭해도 괜찮습니다. 우리의 구제와 섬김의 모습이 전지전능하신 하나님이 모두 기억하고 계시다는 사실을 바라보아야 합니다.

주는 것은 손해가 아닙니다. 섬기는 것은 비굴한 것이 아닙니다. 내가 잘되고 내 가정이 잘되는 것만 바라지 않기를 바랍니다. 한 번 뿐인 이 땅의 인생에서 남을 생각하고 소외받고 고통받는 자들을 향하여 구제하며 베풀면서 살기를 소망합니다. 하나님은 우리가 미처 준비하거나 생각하지 못한 부분까지도 복을 더하실 것입니다. 우리는 이 땅의 나그네입니다. 언젠가 주님이 오라고 하시면 가야 합니다. 주님은 우리에게 나누고 구제할 만한 능력을 주셨습니다. 우리의 형편에 맞추어 이웃을 바라보고 우리가 할 수 있는 부분에 나누고 줄 수 있는 성도가 되기를 바랍니다.

주님과 동행하기

1. 구제는 자기희생이 필요합니다.

말로만 하는 구제는 의미가 없습니다. 정작 구제받기를 원하는 사람은 우리의 말이 아니라 우리의 희생을 원합니다. 진정한 구제는 자기희생이 동반되어야 됩니다.

Q 〈사무엘하〉 12장 4절 말씀을 기록해 보세요.

〈사무엘하〉 12장을 보면 다윗이 우리아의 아내 밧세바를 범했을 때 나단 선지가가 다윗에게 비유로 책망하는 이야기가 나옵니다.

어떤 부자가 있었는데 손님이 찾아왔습니다. 그 손님이 배가 고파 힘들어 하니 부자는 양을 잡아 주기로 마음을 먹습니다. 이미 자기에게는 수천 마리의 양이 있기 때문에 양 한두 마리 정도는 대접할 수 있었습니다. 그런데 부자는 자기의 양을 잡지 않고 가난한 소작인의 양을 잡아 대접합니다. 소작인은 겨우 한두 마리의 양을 키우고 있을 뿐이었습니다. 자기 재산은 손해 보지 않겠다는 부자의 모습입니다. 오늘날에도 이런 사람이 많이 있습니다. 구제를 하고 섬기기는 하는데 국가 재정으로 자기가 구제하는 것처럼 섬깁니다. 교회 재정으로 자기가 하는 것처럼 섬깁니다. 손해는 보지 않고 남들에게 자기의 얼굴만 드러내려는 것입니다. 전부 자기희생이 없는 구제입니다. 그런 구제는 하나님이 받지 않으십니다.

사람들은 자기희생을 원하지 않습니다. 누군가에게 베풀고자 하는 마음이 있다면 반드시 자기희생이 따라야 합니다. 물질의 희생도 하고, 시간의 희생도 하고, 크고 작은 부분에서 희생이 담겨 있어야 합니다. 그런 희생이 담긴 구제를 하나님은 기뻐하십니다.

2. 구제에는 불순한 목적이 있어서는 안 됩니다.

Q **〈마태복음〉 6장 2절 말씀을 기록해 보세요.**

불순한 목적의 구제입니다. 외식하는 자는 헬라어 '휘포크리타이'라는 말입니다. 쉬운 말로 하면 '연극쟁이', '외식자'라는 뜻입니다. 연극하는 사람들은 자기의 본모습이 아닙니다. 원래 자기의 품성과 겉으로 드러나는 모습이 다릅니다. 어느 분의 책에 보니 TV나 영화에서는 악역을 주로 맡는 사람들이 의외로 만나면 따뜻하고 좋은 이들이 많다고 합니다. 또 반대로 천사 같은 역할을 자주 맡는데 알고 보면 교만하고 남을 배려하지 않는 아주 독선적인 사람도 많다고 합니다. 연기이기 때문에 가능한 것입니다. 그러나 우리가 살아가는 세상은 연극이나 영화 속 세상이 아닙니다.

하나님의 영광을 드러내는 것처럼 가난한 사람을 돕고 구제하지만 자신이 영광을 받으려고 하는 것은 잘못된 것입니다. 그래서 "회당과 거리에서 하는 것같이 너희 앞에서 나팔을 불지 말라."고 말씀하십니다.

3. 은밀하게 구제를 하고 하나님이 주시는 행복을 누려야 합니다.

Q **〈마태복음〉 6장 3~4절 말씀을 기록해 보세요.**

우리는 이 말씀과 반대로 할 때가 많습니다. 은밀하게 해야 될 것은 은밀하게 하지 않고 드러내야 할 것은 오히려 감출 때가 많습니다. 은밀한 중에 한다는 것은 진실되어야 됩니다. 과장과 허식이 없어야 됩니다. 순수해야 합니다. 그래야 은밀하게 할 수 있습니다.

은밀한 구제의 모습을 하나님은 기억하고 반드시 보상해 주십니다. 비록 그렇지 않더라도 우리는 은혜와 감격으로 늘 섬기고 은밀하게 구제하는 일을 해야 됩니다. 그것이 바로 하나님을 인정하는 것입니다. 하나님이 보고 계신다는 것을 인정하고, 내가 하나님의 자녀라는 것을 인정하고, 내가 장차 하나님의 나라에서 받을 상급을 인정하는 것입니다. 자신도 모르게 하는 구제는 하나님의 은혜에 깊이 머무는 사람만이 가능합니다. 하나님의 은혜로 내가 존재할 수 있다는 것을 알아야 합니다. 아무도 알아주지 않더라도 하나님의 원칙에 따라서 섬길 때에 하나님이 기뻐하시고 보상하십니다.

Q **〈누가복음〉 6장 38절 말씀을 기록해 보세요.**

이 말씀은 '됫박'을 생각하면 됩니다. 됫박은 대충 퍼 담으면 얼마 들어가지 않지만 흔들고 누르면 많이 들어갑니다. 마찬가지로 하나님은 우리를 축복하시는데 빈틈이 없이 꾹꾹 눌러서 넘치도록 채워 주시다는 말씀입니다. 그만큼 많은 복을 우리에게 주신다는 것입니다. 그러나 한 가지 전제가 있습니다. "주라!"는 것입니다. 아무나 그렇게 채워 주시지 않습니다. 먼저 나누는 자에게 그런 복이 있다는 말씀입니다.

4. 도움이나 구제의 경험들을 나누어 봅시다.

누군가에게 도움을 주었던 경험이나 봉사 활동, 구제의 경험들을 나누어 보고, 보이지 않는 곳에서 섬기는 귀한 모습들이 더 많아지기를 축복해 줍시다.

하늘의 법칙

08 마음의 골방으로 들어가세요

✣ 〈마태복음〉 6장 5~8절

5 또 너희는 기도할 때에 외식하는 자와 같이 하지 말라 그들은 사람에게 보이려고 회당과 큰 거리 어귀에
서서 기도하기를 좋아하느니라 내가 진실로 너희에게 이르노니 그들은 자기 상을 이미 받았느니라
6 너는 기도할 때에 네 골방에 들어가 문을 닫고 은밀한 중에 계신 네 아버지께 기도하라 은밀한 중에 보시는
네 아버지께서 갚으시리라
7 또 기도할 때에 이방인과 같이 중언부언하지 말라 그들은 말을 많이 하여야
들으실 줄 생각하느니라
8 그러므로 그들을 본받지 말라 구하기 전에 너희에게 있어야 할 것을 하나님 너
희 아버지께서 아시느니라

세상 돌아보기

• 끼리끼리 기도제목 나누기

우리가 드리는 일상의 기도 중 대부분은 우리 자신을 위한 기도일 것입니다. 이 시간은 넘쳐 나는 나를 향한 기도를 접어 두고, 다른 지체들을 위해 기도하는 시간을 갖기를 바랍니다.

그룹 안에 공통점이 있는 지체를 찾아 가서 인사하고 서로의 기도제목을 나누어 봅시다.

	항 목	이름	기 도 제 목
1	학력		
2	취미 생활		
3	고향		
4	살고 있는 지역		
5	이름		
6	좋아하는 찬양		
7	건강		
8	출신 학교		
9	좋아하는 운동		
10	좋아하는 음식		

주님 알아가기

중세시대 어느 수도원 사제는 30년간 동일한 기도만 했다고 합니다.
"하늘에 계신 하나님! 나를 만나 주시고 기도에 응답해 주시옵소서."
그러던 어느 날도 똑같은 기도를 하고 돌아서는데 하나님의 음성이 들렸습니다.
"얘야, 내가 여기 있다."
사제의 얼굴이 새파랗게 질렸습니다. 놀라면서 이렇게 대답하였습니다.
"와! 하나님 진짜로 그 위에 계셨네요!"
그러고는 심장마비로 죽었다고 합니다.

30년을 기도했지만 정말로 하나님이 듣고 계시다고 생각하지 않았던 것입니다. 그저 아무 생각 없이 기도만 한 것입니다. 우리도 "하나님 보여 주시옵소서 하나님 응답해 주시옵소서."라고 기도하지만 진짜 하나님이 그 기도를 듣고 계신다고 생각하지 못하고 있지는 않은가 돌아보아야 합니다. 기도하는 것은 주문을 외우는 것이 아닙니다. 기도는 의식도 아닙니다. 그리스도인들에게 기도라는 것은 우리가 살아있는 동안 영원히 끊어지지 않는 호흡과 같습니다.

성도의 삶은 기도로 시작하여 기도로 끝이 납니다. 하지만 그렇게 많은 기도를 하면서도 응답받는 기도는 극히 소수입니다. 대부분의 사람은 일방적으로 주문을 외우듯이 하나님에게 요구하는 것이 기도라고 생각합니다. 그러나 기도는 살아 계신 하나님과 대화하며 특별히 하나님이 우리에게 말씀하시는 것에 대한 우리의 대답입니다. 기도는 우리가 세상에서 경험할 수 없는 것들을 경험하는 신비이기도 합니다. 우리는 어떤 순간이 찾아 와도 기도의 코드를 하나님에게 꼽고, 이어진 전원을 통해서 하나님과 깊은 기도의 교제를 해야 합니다.

1. 기도는 주님과의 대화입니다.

① 고난 가운데 기도해야 합니다.

Q **〈야고보서〉 5장 13절 말씀을 기록해 보세요.**

사람들은 때로 외로움과 절망 때문에 인생을 포기하고 좌절하는 경우가 많습니다. 그럴 때일수록 하나님에게 기도하며 대화하고 아뢰면 하나님의 임재하심을 경험할 수 있습니다. 주님이 함께하시면 어떤 외로움과 서러운 마음도 이길 수 있는 것입니다.

기쁘고 행복할 때도 마찬가지입니다. 사람이 기쁠 때에 아무 생각 없이 기뻐하면 경박스럽기도 하고 교만해질 수도 있습니다. 오히려 하나님에게 감사하며 기도하게 되면 그 감사가 더욱 커지게 됩니다. 힘이 들 때, 실패할 때, 절망할 때, 기도하면 한 번 더 일어설 수 있는 용기가 생깁니다. 어둡고 깜깜한 인생의 길에서 돌파구가 보이고 가야할 길이 보이기도 합니다. 더 나아가서 우리에게 주신 그 시련들을 받아들일 수 있는 믿음도 생기고 삶이 회복되는 놀라운 경험도 하게 됩니다.

② 분하고 이해가 안 될 때에도 기도해야 됩니다.

Q 〈누가복음〉 22장 32절 말씀을 기록해 보세요.

살다 보면 사람들로 인해 분노가 차오를 때가 종종 있습니다. 자신의 의지로 분노를 꺾으려고 해도 되지 않을 때가 많습니다. 그럴 때 기도하면 숨 고르기가 됩니다. 때로는 가까이 있는 사람도 이해가 되지 않을 수 있습니다. 옆에 있는 아내가 이해되지 않고, 옆에 있는 남편이 이해되지 않고, 옆에 있는 부모님이 이해되지 않고, 자녀가 이해가 되지 않고, 옆에 있는 친구가 이해 되지 않고, 성도가 이해되지 않을 때도 하나님에게 진실되게 기도하면 상대방을 이해할 수 있는 마음이 생기게 됩니다. 이것은 기도로만 할 수 있는 능력입니다. 그래서 기도는 우리가 언제든지 해야 되는 호흡과 같은 것입니다.

주님 바라보기

미국 공군 전투기 조종사였던 하워드 러트위치는 베트남 전쟁 초기에 북베트남 부근에서 전투기 추락으로 포로가 되었습니다. 감옥에 갇혀 모진 고문을 당했습니다. 과거에 신앙생활을 하긴 했지만 주일 날 교회에 가는 것을 항상 부담스러워 했고 기도도 한마디 할 줄 몰랐습니다. 오히려 열심히 신앙생활을 하던 아내에게 "왜 맨날 내가 교회에 가야 하느냐" 하며 바가지를 긁던 적도 한두 번이 아니었습니다.

또 그는 늘 원망과 불평이 많았고, 비판적인 사고를 가진 사람이었습니다. 그런 그가 감옥에 갇혀서 어느 누구도 의지할 수 없고 스스로 고통과 싸워야 했습니다. 옆에서는 고문당하는 소리가 들리고 매일 한두 사람씩 죽어 나갑니다. 견딜 수 없어 자살하고 싶은 충동도 생겼습니다. 그렇게 힘든 시간을 보낼 때 비로소 그는 예배의 소중함을 깨닫게 됩니다.

그러나 당장의 환경은 그렇지 못했습니다. 진심으로 예배를 드리고 싶고 성경을 읽으려고 해도 할 수가 없었습니다. 그러던 중 어떤 경우에도 어떤 장소에서도 기도는 할 수 있다는 생각이 스치고 지나갔습니다. 그 순간부터 어설프게 말도 안 되는 기도를 하기 시작했습니다. 그런데 점점 더 기도의 은혜를 맛보며 자기 마음이 변하고, 자기 영혼이 소생하게 됨을 느꼈습니다. 천국 소망이 생기면서 지금 죽어도 괜찮다는 마음의 평화를 누리게 됩니다. 당당한 마음으로 하나님이 함께하신다는 것을 느낍니다. 그때부터 그는 견뎌 나갔고, 그곳에서 유일하게 살아남은 한 사람이 되었습니다.

그는 이렇게 얘기합니다. "신앙인들에게 기도는 어떤 장소와 시간을 따지지 않습니다. 우리의 마음의 골방으로 들어가 주님과 교제하고 기도하십시오. 하나님이 당신을 만나 주시고 놀라운 위로와 축복이 함께할 것입니다. 살아 계신 하나님이 새로운 힘을 주시고 삶이 변화되는 기적과 같은 은혜를 경험하게 될 것입니다."

1. 주님이 책망하신 잘못된 기도의 모형을 바꾸어야 합니다.

① 사람들을 의식하거나 보이기 위한 기도는 잘못된 기도입니다.

Q 〈마태복음〉 6장 5절 말씀을 기록해 보세요.

이스라엘 백성은 기도를 참 많이 했습니다. 하지만 하나님이 전혀 듣지 않는 기도였습니다. "자기 상을 다 받았다"는 것은 하나님에게 받을 상을 자신이 드러내어 다른 사람에게서 다 받았기에 하나님이 응답할 것도 들어줄 것도 없다는 말씀입니다. 하나님이 응답하지 않는 잘못된 기도입니다.

Q 〈신명기〉 6장 4~5절 말씀을 기록해 보세요.

이스라엘 백성들이 '쉐마'라고 부르는 말씀입니다. 그들은 이 말씀을 아침에 일어나면 마치 주문을 외우듯이 외웁니다. "이스라엘아 들으라." 하고 눈뜨자마자 쉐마의 기도를 드립니다. 잠자리에 들기 전에도 이 기도를 드립니다. 뿐만 아니라 매일 오전 9시, 낮 12시, 오후 3시가 되면 기도합니다. 하루 3번을 정해 놓고 어디에 있든지 반드시 기도합니다. 그들은 누가 옆에 있든지 뭘 하든지 전혀 상관하지 않습니다. 자신의 시계를 보고 있다가 정확하게 3시가 되면 중얼중얼 주문을 외우듯이 기도합니다. 집에 나갈 때도,

집으로 들어올 때도 기도합니다. 여행 전에도, 여행 후에도 기도하고 심지어는 식사 전에도, 식사 후에도 기도합니다. 정말 많은 부분에서 기도하는 백성입니다.

그런데 주님은 그렇게 시장통이나 회당 앞에서 두 손을 높이 들고 하늘을 바라보며 하는 기도를 지적하셨습니다. 본문에서는 사람에게 보이려고 그렇게 기도했다고 말씀합니다.

② 진실성이 없는 규격화된 기도는 잘못된 기도입니다.

Q 〈마태복음〉 23장 25절 말씀을 기록해 보세요.

아무런 진실성이 담겨 있지 않고 암송한 대로 외우고 끝내는 기도의 모습입니다. 기도하는 것처럼 보이지만 하나님은 절대로 응답하지 않으십니다.

패스트푸드점에 가서 세트 메뉴를 시키면 햄버거와 콜라와 감자튀김을 같이 줍니다. 그것을 세트라고 하듯이 기도할 때도 쉐마를 외우고, 손을 높이 올리고, 고개는 하늘을 향해 들고 정한대로 기도하면 끝이라고 생각하는 것입니다. 정작 그 마음속에서 온갖 더러운 것들이 가득하지만 아무 생각 없이 규격화된 세트 기도만 하면 된다는 것입니다.

③ 드러내려고 의미 없이 길게 하는 기도는 잘못된 기도입니다.

Q 〈마태복음〉 6장 5절 말씀을 기록해 보세요.

바리새인들은 일부러 손을 들면서 시간을 오래 끕니다. 사람들이 그런 모습을 보며 “아 저 바리새인 참 경건하구나! 기도를 정말 많이 하는구나! 참 대단하다.”라고 감탄합니다. 손은 하나님을 향해 있으면서 귀로는 사람들의 소리를 듣고 스스로 만족하고 있는 것입니다.

또 본문을 자세히 보면 그들은 위치도 다른 곳에서 기도하고 있습니다. “서서 따로 기도하며”라고 되어 있습니다. 이 말을 영어 성경에서는 ‘자신을 향해 기도했다’라고 번역되어 있습니다. 이 말은 많은 사람과 함께 어울려 기도하면, 자신이 기도를 하는지 안 하는지 또는 많이 하는지 적게 하는지 표시가 나지 않습니다. 그래서 다른 곳에서 오랫동안 혼자 따로 서서 기도하는 것입니다. 따로 주목을 받고 싶었던 것입니다. 사람들은 그런 모습을 보고 감탄하고 칭찬합니다. 하지만 절대로 칭찬을 받을 일이 아닙니다. 그저 반복적이고 의미 없는 기도로 시간만 헛되게 보내고 있는 모습입니다. 하나님은 기도하는 시간의 길이만을 보시지 않습니다. 때로는 한마디의 기도가 더 능력 있을 때가 있습니다.

그래서 주님은 세리의 기도와 비교하시는 것입니다. 세리는 자기 자신을 부인합니다. “주님 나는 죄인입니다. 나를 불쌍히 여겨주십시오.” 이렇게 간절히 기도할 때 주님은 그 기도를 들어 주시고 용서해 주십니다. 의미도 없이 했던 말을 반복해서 하는 긴 기도는 올바른 기도가 아닙니다. 기도는 내용이 중요하지 양이 문제가 아닙니다.

예배 중 회중 기도를 인도할 때도 〈창세기〉부터 〈요한계시록〉까지 성경 전체를 언급하는 분이 있습니다. 실재로 집에서는 5분도 기도하지 않으면서 앞에 서면 얼마나 기도를 오래 하는지 좀 과장한다면 설교보다 기도가 더 길 때도 있습니다. 물론 길게 한다고 무조건 나쁜 것은 아닙니다. 그러나 공적인 기도는 많은 준비를 해서 모든 성도를 대표할 만한 간절한 기도를 해야 한다는 것입니다.

이런 재미있는 이야기도 있습니다. 교인이 약 30명 정도 되는 개척 교회에서 안수 집사님 한 분이 회중기도를 인도하셨습니다. 〈창세기〉부터 〈요한계시록〉까지 요약하시며 기도하셨습니다. 기도를 얼마나 오래 했는지 기도가 끝나고 눈을 떠보니 성도가 다 가고 아무도 없었습니다. 강대상 위에 목사님만 홀로 계셨습니다. 그 집사님이 목사님에게 물었습니다.

"목사님 교인들 다 어디로 갔습니까?"

목사님이 말씀하셨습니다.

"집사님! 교인들은 노아 홍수 때 이미 다 떠내려갔습니다."

웃지 못할 이야기지만 이것도 사람을 의식하는 기도입니다. 대체로 이런 분들은 집에 가면 그렇게 오랜 시간 기도하지 않는다는 것이 문제입니다.

④ 무의식적이며 의미 없는 기도는 잘못된 기도입니다.

Q 〈마태복음〉 6장 7절 말씀을 기록해 보세요.

사람을 의식하고 기도하는 것 외에도 쓸데없이 반복하고 무의식적으로 하는 기도가 있습니다. "중언부언한다"는 것은 기도에 대한 고민과 생각도 없이 그냥 뱉어버리는 말들을 뜻합니다. 내가 아는 지식으로 아무렇게 떠들고, 했던 말을 반복하면서 횡설수설하는 이런 모든 것이 중언부언하는 것입니다. 물론 반복 자체가 무조건 나쁘다는 것은 아닙니다. 예수님도 겟세마네 동산에서 기도하실 때 땀방울이 핏방울이 되도록 간절하게 반복적인 기도를 하셨습니다. 힘들고 어렵고 당장 죽어갈 때에 그 문제에 대해 반복해서 기도할 수밖에 없습니다. 다른 수식어를 붙일 시간이 없습니다.

사람이 죽어갈 때는 "하나님 살려주세요! 하나님 살려주세요!" 이것 이상 할 수 있는 기도가 없습니다. 간절한 마음으로 반복할 수도 있습니다. 그러나 본문에서 말하는 중언부언은 아무 생각도 고민도 없이 간절함도 없이 중얼거리고 했던 말을 반복하는 그런 기도를 말씀하는 것입니다.

2. 예수님이 원하시는 기도

① 사람을 의식하지 않고 은밀한 중에 드리는 기도입니다.

Q 〈마태복음〉 6장 6절 말씀을 기록해 보세요.

그렇다고 기도할 때 무조건 골방에 들어가서 기도하라는 것이 아닙니다. 하나님이 우리에게 말씀하시는 것은 어느 누구의 영향도 받지 않고 주변의 방해도 받지 않고 오직 하나님만 만나서 기도할 수 있는 공간을 의미하는 것입니다. 하나님은 일대일로 만나기를, 실제적인 만남을 원하십니다. 우리가 기도할 때 우리 마음의 골방으로 들어가라는 말씀입니다.

마음의 골방은 누구에게나 다 있습니다. 주부들은 항상 일하는 주방이 골방이 될 수도 있습니다. 작업장에서 볼트나 너트를 조일 때 그때가 바로 혼자의 골방이 될 수 있습니다. 어느 장소 어느 시간이라도 오직 하나님만 바라볼 수 있는 장소가 바로 골방입니다.

"주님, 우리 교회의 어떤 분이 많이 힘들어 합니다. 주님이 그 문제를 해결하여 주세요. 우리 아이가 지금 학교에서 공부하고 있는데 아이에게 지혜를 주시고 자라면서 좋은 만남을 허락해 주세요."

얼마든지 하나님과의 친밀한 기도가 가능합니다. 하나님과 기쁨으로 만날 수 있는 공간이라면 모든 곳이 골방이 됩니다. 자동차 안이 골방이 되기도 하고, 서재가 골방이 되기도 합니다. 정말 교회 한쪽 구석이 골방이 되기도 합니다. 우리가 찾을 수 있고 하나님을 만날 수 있는 바로 그곳이 골방인 것입니다. 그때 우리 하나님도 솔직 담백하게 우리를 만나 주실 것입니다.

하나님 앞에서 은밀한 대화가 있다는 것은 그만큼 애정이 있고 친하다는, 하나님과 가깝다는 이야기입니다. 체면을 차리고 격식을 차리는 사이가 아니라 정말 하나님과 가까이 있기를 원하는 것입니다. 그때 하나님도 우리와 가까이 하시는 것입니다. 하나님 앞에서 우리는 진솔해야 합니다.

Q 〈야고보서〉 4장 8절 말씀을 기록해 보세요.

은밀한 기도는 하나님에게 가까이 다가가는 길이고 하나님도 우리에게 가까이 다가오시는 길인 것입니다.

② 겸손한 자세로 드리는 기도입니다.

Q 〈역대하〉 7장 14절 말씀을 기록해 보세요.

바리새인은 거룩을 포장했습니다. 길거리에서 자기 자신을 드러냈습니다. 그것을 하나님은 이미 알고 계셨습니다.

"너희들 그렇게 30년, 40년을 기도해 봐! 단 한 번도 응답받지 못할 걸!"

"이미 너희들이 받을 상을 다 받았잖아!"라고 하시는 것입니다.

이유는 기도의 방향이 잘못되었기 때문입니다. 모든 기도는 하나님이 중심이 되어야 하는데 자기가 중심이 되었다는 것입니다.

기도의 문을 여는 것은 하나님 앞에 겸손하게 기도하는 것입니다. 겸손한 기도는 하나님 앞에 완전히 항복하는 것입니다. 우리의 무능을 인정하고 죄인임을 드러내는 것입니다. 우리는 할 수 없으되 하나님은 할 수 있다고 주님 앞에 낮추는 것입니다.

③ 때와 장소를 가리지 않는 기도입니다.

Q 〈누가복음〉 21장 36절 말씀을 기록해 보세요.

유대인들에게는 시간과 장소의 개념이 잘못되어 있습니다. 반드시 9시, 12시, 3시에 맞춰서 기도하는 것이 중요한 것이 아닙니다. 무슨 일이 있으면 3시에 못할 수도 있습니다. 그러면 3시 10분에 하면 됩니다. 그런데 바리새인들은 정해진 시간 외에 기도하는 것은 기도로 생각하지도 않습니다.

또 그들은 기도는 반드시 회당이나 사람들이 보는 곳에서 해야 된다고 생각합니다. 아닙니다. 기도는 하나님과 만날 수 있는 은밀한 곳 어디에서나 할 수 있습니다. 또한 어떤 시간에서도 할 수 있습니다.

현대 문명에 대한 책에 보면 인간이 75세를 산다고 보았을 때에 줄서서 기다리는 시간이 5년이라고 합니다. 그렇지 않아도 짧은 인생인데 기다리는데 5년이란 시간을 보낸다고 생각하면 너무 아깝습니다. 영화관 앞에서나 화장실 앞에서, 아니면 자동차나 기차, 비행기 등을 기다리면서 보낸다는 것이 너무 아깝기만 합니다. 하지만 그런 기다리는 시간이 기도하는 시간이 될 수 있다면 정말 소중한 시간이 될 것입니다. 기다리면서 "하나님 오늘 이러한 일이 있습니다. 하나님 함께해 주세요."라고 기도하는 것입니다. 혼자 서서 기도한다고 실성한 사람처럼 보일까 봐 걱정할 필요도 없습니다. 마음으로 얼마든지 기도할 수 있습니다.

기도는 어려운 것이 아닙니다. 신앙생활을 30년 정도하신 성도의 기도는 하나님이 잘 들으시고, 금방 등록한 새가족의 기도는 듣지 않으시는 것이 아닙니다. 나는 기도할 줄 모른다고 생각할 필요도 없습니다. 우리 하나님은 다 알아 들으십니다. 바쁠 때는 미사여구를 구태여 쓰지 않아도 상관없습니다. "하나님 이렇게 도와주세요." 이렇게 한마디 해도 하나님은 다 들으십니다.

기도는 진심 어린 것이며 깊이 있는 것이며 쉬운 것입니다. 이것은 우리 그리스도인들만의 특권입니다. 급할 때 전지전능, 무소부재 그런 것을 찾을 시간이 없습니다. "하나님 도와주세요. 하나님 살려주세요. 하나님 저 지금 힘든데 용기 주세요. 하나님 지금 분노가 생기는데 좀 참고 견디게 해 주세요." 이렇게 기도하면 되는 것입니다.

하나님은 사람들을 의식하지 말고 기도의 형식에 얽매이지 말고 오직 진실되게 마음의 골방으로 들어가기를 원하십니다. 주님이 놀랍게 응답해 주실 것입니다. 그러할 때 우리는 변화됩니다. 우리의 영혼이 소생하게 되는 것입니다. 불가능을 가능하게 해 주실 것입니다. 견딜 수 없는 것을 견디게 해 주실 것입니다.

주님과 동행하기

1. 마음의 골방으로 들어가세요.

① 하나님은 우리의 필요를 알고 계십니다.

Q 〈마태복음〉 6장 8절 말씀을 기록해 보세요.

하나님은 우리에게 있어야 할 것을 알고 계십니다. 그렇다고 모든 기도를 미리 아시기 때문에 기도할 필요가 없다는 말이 아닙니다. 이미 우리가 구할 것을 다 알고 계시지만 은밀한 중에 구할 때 만나 주겠고 응답하시겠다는 간곡한 표현인 것입니다.

② 마음의 골방으로 들어갈 때 두 가지 은혜를 주십니다.

· 우리의 문제를 아시고 갚아 주십니다.

Q 〈마태복음〉 6장 6절 말씀을 기록해 보세요.

우리가 주님 앞에 진실된 기도와 간절한 기도를 드릴 때에 하나님은 우리의 문제를 아시고 우리의 모든 것을 갚아 주신다는 것입니다. 우리의 문제를 해결하여 주십니다.

· 우리의 모든 것을 알아 주십니다.

Q 〈마태복음〉 6장 8절 말씀을 기록해 보세요.

하나님은 우리의 모든 아픔을 아십니다. 외로움도 아십니다. 우리의 문제도 아십니다. 그렇기에 마음의 골방으로 들어가면 됩니다.

우리의 기도가 응답을 받지 못하는 이유는 우리가 마음의 골방으로 들어가지 못하고, 진실된 기도를 드리지 못하고 하나님 앞에서 잘못된 기도를 드렸기 때문입니다. 수십 년 동안 신앙생활을 하지만 한 번도 기도 응답을 받지 못하며 살아가는 것입니다.

2. 기도 마니또

두 사람씩 한 조를 이루어 기도제목을 나누어 봅시다. 최소한 3가지 이상 기도제목을 나누고 다음 모임 때까지 서로 기도하며 축복해 줍시다.

	기 도 제 목
1	
2	
3	

보물과 우선순위

✣ 〈마태복음〉 6장 19~24절

19 너희를 위하여 보물을 땅에 쌓아 두지 말라 거기는 좀과 동록이 해하며 도둑이 구멍을 뚫고 도둑질하
느니라 20 오직 너희를 위하여 보물을 하늘에 쌓아두라 거기는 좀이나 동록이 해하지 못하며 도둑이 구
멍을 뚫지도 못하고 도둑질도 못 하느니라 21 네 보물이 있는 그 곳에는 네 마음도 있느니라 22 눈은 몸의
등불이니 그러므로 네 눈이 성하면 온 몸이 밝을 것이요 23 눈이 나쁘면 온 몸이 어두울 것이니 그러므로
네게 있는 빛이 어두우면 그 어둠이 얼마나 더하겠느냐 24 한 사람이 두 주인을 섬기지 못할 것이니 혹 이
를 미워하고 저를 사랑하거나 혹 이를 중히 여기고 저를 경히 여김이라 너희가 하나님과 재물을 겸하여
섬기지 못하느니라

세상 돌아보기

• 주식 투자

당신은 지금 1억 원의 돈을 여러 가지 신탁기금에 투자하려 합니다. 아래의 투자 종목 가운데 어디에 얼마씩 투자하시겠습니까? (투자한 항목을 서로 나누어 봅시다.)

투자 금액	항 목	설명과 이익 배당
	그리스도인의 적극적인 성장	이 종목은 당신의 신앙이 자랄 수 있도록 많은 것을 돌려줄 것입니다. 이익배당에는 하나님의 크신 사랑과 교회에 대한 깊은 헌신이 포함되어 있습니다.

	신실한 결혼 기금	이 종목은 당신의 결혼생활이 멋지고, 깊은 사랑의 관계가 될 것을 보장받을 수 있도록 도와줍니다. 이 약정서는 원만한 대화와 환상적인 가정 생활을 약속해 줍니다.
	균형 잡힌 시간 활용 기금	이 기금은 당신의 시간을 효율적으로 계획함으로써 균형 잡힌 생활을 이루도록 도와줄 것입니다. 운영자는 이 기금이 자신들이 언제나 중요한 일로 인해 너무 바쁘다고 호소하는 사람들이 선호한다고 말합니다.
	보수적 가치관 기금	이 기금은 우리 가정이 조상들의 가족 중심의 전통적인 생활 방식으로 돌아가도록 도와주는 것입니다. 이 기금에는 정직과 근면, 충실한 자녀 교육과 애국심 등의 주식이 포함되어 있습니다.
	끈끈한 우정 기금	친밀하고 깊은 우정이 이 기금의 배당금입니다. 이것은 시간을 초월하는 이익배당이며 "가치를 헤아릴 수 없는" 귀한 것이라고 자랑합니다.
	남태평양의 휴양지 기금	이 기금은 휴식과 회복이 필요한 당신을 이국적이고 낭만적인 휴양지로 데려다 줄 것입니다. 이 기금은 조용히 쉴 수 있는 시간이 필요한 사람들에게 좋습니다.
	안전보장 기금	이 기금은 당신에게 어려운 상황이 닥쳤을 때 이익배당금을 지급할 것을 약속합니다. 이 기금은 어떠한 문제나 천재지변이 닥쳐도 안전한 울타리가 되어줄 것이며 당신을 예기치 못한 어려움에 대한 걱정으로부터 지켜줄 것입니다.
	평생교육 기금	이 기금은 대학 교육을 위해 돈을 저축하고자 하는 사람들을 위해 고안된 것입니다. 이 기금에 투자하는 것은 앞으로 지불하게 될 등록금을 미리 준비할 수 있도록 도와줍니다.

주님 알아가기

필 컬러웨이(Phil Callaway)의《돈 한 푼 없이 부자로 사는 법》이라는 책이 있습니다. 그 책은 그가 만난 사람들 중에 빚 때문에 고통받았던 한 가정을 소개하고 있습니다. 엄청난 빚 때문에 부부는 힘든 나날을 보낼 수밖에 없었습니다. 도저히 이렇게는 안 되겠다 싶어서 결심을 하게 됩니다. 그 결심으로 만 5년 만에 큰 금액을 다 갚게 된 사연입니다.
첫째 씀씀이를 줄이는 것입니다. 수입보다도 소비가 많으면 분명히 잘못되었고 가정이 파산할 수도 있기 때문입니다. 둘째는 최우선적인 지출순위를 하나님에게 두었습니다. 수입의 15% 정도는 무조건 하나님을 위하여 지출하였던 것입니다. 셋째는 매달 10%는 따로 남겨 두었습니다. 저축을 하든지 여분의 돈을 남기든지 어쨌든 가정생활의 규모를 줄여서 따로 남겨 두었습니다. 넷째는 욕심을 조금씩 줄여 나갔습니다. 사람들은 돈이 있으면 흔히 좋은 차로 바꾸고 집의 평수를 늘이고 옷이나 꾸밀 것들을 구입합니다. 이런 것은 모두 인간적인 욕심이라 생각하고 조금씩 줄여 나갔습니다. 마지막 다섯째는 신용카드를 없앴습니다. 요즘 신용카드 한두 장은 누구나 다 있을 것입니다. 남의 돈을 쓰는 것은 부담스러워하면서도 카드는 너무 쉽게 사용하는 소비 형태를 고친 것입니다.

1. 물질 자체는 악한 것이 아닙니다.

① 물질을 사랑하고 탐내는 것이 문제입니다.

Q 〈디모데전서〉 6장 10절 말씀을 기록해 보세요.

수많은 사람이 돈 때문에 울기도 하고 웃기도 합니다. 성경에서 물질에 대해 좋지 않게 기록하는데 사랑하고 탐내는 것 때문에 악의 뿌리가 되고 근심에 찔린다고 말합니다. 따라서 신앙인에게 물질의 문제는 영적인 면과 별개가 아니며 굉장히 밀접한 관계가 있습니다. 물질관을 보면 그 사람의 영적인 수준을 평가할 수 있습니다.

② 물질을 어떻게 사용하느냐가 문제입니다.

Q 〈사도행전〉 4장 32절 말씀을 기록해 보세요.

요한 웨슬리(John Wesley)는 한 사람의 성장 정도는 물질을 어떻게 사용하느냐와 비례한다고 말하였습니다. 신앙이 바로 서 있는가에 대한 문제도 물질관이 바르게 서 있느냐를 보면 알 수 있다는 것입니다.

우리 예수님도 물질에 대해서 무관심하거나 비판적으로 말씀하시지는 않으셨습니다. 단지 잘못된 물질에 대해 비판을 하셨을 뿐이지 물질이 필요 없다거나 악하다고 말씀하시지는 않으셨습니다.

주님 바라보기

경북 김천에 가면 집사님 부부가 경영하는 한 설렁탕집이 있습니다. 두 분은 항상 양질의 재료로 음식을 장만하고 재료가 떨어졌을 때는 가게 문을 닫습니다.

주변 사람들이 말합니다. "집사님, 요즘은 설렁탕 국물을 만들 때 힘들게 사골을 끓이지 않는다고 해요. 우유도 섞고 약품도 좀 타고, 그렇게 하면 보기도 좋고, 맛도 더 좋다고 하던데 그렇게 하시죠?"

그런 이야기를 들으면 집사님은 이렇게 말씀하십니다. "아니에요. 하나님이 보고 계시잖아요. 저는 정직하게 할래요. 오늘은 국물을 낼 고기가 시원찮아서 문을 닫습니다."

사람들의 생각에는 돈을 못 벌 것 같지만 하나님은 놀라운 복으로 채워 주십니다. 하나님은 노력해서 번 돈과 올바른 방법으로 얻은 수익에 복을 주십니다.

예수님은 신약에서만 서른여덟 가지의 비유를 말씀하셨는데 그중에 열여섯 가지가 돈과 물질에 관한 것입니다. 그만큼 사람의 인생에도 돈과 물질이 중요한 부분을 차지하고 있음을 말씀하는 것입니다. 주님도 우리 삶의 가장 실제적인 문제가 돈이라는 것을 아시고, 바르게 알고 사용하는 것이 중요하다는 말씀을 하고 있는 것입니다.

1. 잘못된 물질관

① 돈을 우상화하는 것입니다.

Q 〈마가복음〉 10장 22절 말씀을 기록해 보세요.

만약 돈을 절대시하고 집착하는 모습이 있다면 그것은 잘못된 것입니다. 주님은 돈에 대해 집착하고 절대시하여 우상화하는 것을 철저하게 경고하고 있습니다.

Q **〈마태복음〉 6장 19절 말씀을 기록해 보세요.**

주님은 돈을 가리켜 '보물이다. 재물이다.'라는 말을 번갈아 사용하고 계십니다. 보물이라는 말은 '데사우로스'라는 단어를 사용합니다. 또 마지막 24절의 "너희 하나님과 재물을 겸하여 섬기지 못하느니라."라는 말씀에서는 재물이라는 단어를 헬라어 '맘모나스'라는 단어를 사용하고 있습니다. '맘모나스'는 '맘몬'이라는 말에서 나왔습니다. '맘몬'은 구약성경에 나오는 돈의 우상을 상징합니다. "너희들이 하나님과 돈의 우상을 겸하여 섬기지 못하느니라."라는 말씀입니다.

수많은 사람이 내 인생을 행복하게 만들고, 과시할 수 있게 하며 안전을 보장받는 것이 돈밖에 없다는 의식으로 살아간다면 돈은 또 다른 하나님이요 우상이 되는 것입니다.

사람이 살아가면서 돈은 반드시 필요합니다. 주님도 건전한 돈의 사용은 인정을 하셨지만 돈을 절대시하고 집착하며 우상화하는 것은 엄청난 죄악임을 경고하고 계십니다.

② 물질 자체는 결코 악한 것이 아닙니다.

Q **〈마태복음〉 6장 19절 말씀을 기록해 보세요.**

이것은 물질의 정당성을 말하는 것입니다. 돈에 대한 집착과 축적에 대한 욕망을 책망하시는 것입니다. 돈 자체가 잘못되었고, 저축하는 자체가 죄라고 말씀하는 것이 아닙니다. 한국 사람들은 이원론적인 사고를 많이 합니다. '선' 아니면 '악'입니다. 주님은 물질을 '선하다, 악하다' 단정하신 적은 없습니다. 물질도 선용할 때 아름다운 것이 될 수 있습니다.

③ 내 돈은 내 것이라고 생각하는 것입니다.

Q 〈누가복음〉 12장 42절 말씀을 기록해 보세요.

우리의 것은 우리 것이 아닙니다. 우리는 청지기이지 결코 주인이 아닙니다. 〈누가복음〉 16장과 〈디도서〉 1장을 보면 우리를 향하여 청지기라고 말씀합니다. 청지기는 주인처럼 행세는 하지만 진짜 주인은 아닙니다. 청지기는 물질을 하나님이 주신 것으로 생각하고 늘려야 하는 사명도 있습니다. 열심히 일해서 물질을 모으고 늘리고 확장하는 것도 매우 중요합니다.

④ 선하게 물질을 모으고 하나님과 이웃을 위해 지혜롭게 사용해야 합니다.

Q 〈디모데전서〉 6장 6~8절 말씀을 기록해 보세요.

수단과 방법을 가리지 않고 열심히 모으고, 쓰기만 잘 하면 된다는 생각도 잘못된 물질관입니다. 옛말에 "개처럼 벌어서 정승처럼 쓴다."라는 속담이 있습니다. 천한 일을 하며 물질을 모았어도 보람 있게 그것을 사용한다는 좋은 말입니다. 그러나 불의와 편법으로 물질을 모으고 잘못된 방법으로 돈을 벌어서, 쓰기만 잘 쓰면 된다는 사고는 굉장히 위험한 발상입니다. 결코 있을 수 없는 일입니다. 주님은 정확하고 정당한 방법으로 벌고 아름답게 쓰기를 원하십니다.

어떤 분은 이렇게 말합니다. "목사님, 고스톱을 쳐서 좀 따면 십일조를 내겠습니다." 아무리 많은 금액을 내어도 하나님은 기뻐하지 않습니다. "목사님, 저는 매주일 복권을 10만원씩 삽니다. 대박 나면 바로 건축 헌금을 하겠습니다." 100억이 당첨되어 헌금해도 하나님은 기뻐하지 않습니다.

하나님은 부당이득을 취하는 것을 기뻐하지 않습니다. 뇌물을 받는 것도 기뻐하지 않습니다. 그리고 남의 것을 착취하는 것도 기뻐하지 않습니다.

길거리를 다니다 보면 해외에서 오신 노동자 분들을 쉽게 만날 수 있습니다. 그들을 볼 때 후진국 사람들이고, 피부색도 조금 검다고 해서 무시하거나 이상한 시선으로 바라봐서도 안 됩니다. 인간적인 모멸감을 주고 그들이 받아야 할 대가를 정당하게 주지 않으면 죄입니다. 그들도 자국에서는 엘리트입니다. 가족과 집안을 살리기 위해 먼 타국까지 와서 힘든 일을 하는 것입니다. 적은 임금을 받으면서 성실하게 일하고 최선을 다하는 분들입니다. 그들도 동일한 주의 백성이고, 사랑받기 충분한 사람들입니다.

Q 〈야고보서〉 5장 4절 말씀을 기록해 보세요.

하루 벌어서 먹고사는 품꾼들에게는 하루 품삯이 생명입니다. 그런데도 그들에게 품삯을 주지 않는다면, 살인이나 마찬가지입니다. "추수한 자의

우는 소리가 만군의 주의 귀에 들렸다."라고 말씀하십니다. 하나님은 동일하게 아파하시고 그들의 소리를 듣고 계십니다.

사업을 하는 분이라면 아무리 어려워도 직원들의 임금을 착취해서는 안 될 것입니다. 특히 해외에서 오신 노동자 분들 무시하지 말고 그리스도인이 운영하는 회사라면 더 잘 대우해 주어야 할 것입니다. 그러면 하나님이 우리의 삶을 더 풍요롭게 만들어 주실 것입니다. 작은 것 때문에 하나님의 큰 은혜를 놓치지 말아야 합니다. 돈은 불의한 방법으로 모아서도 안 되고, 불의한 방법으로 사용해도 안 되는 것입니다.

2. 바른 물질관에 대해서 알아봅시다.

① 물질을 소유하는 목적을 바로 알아야 합니다.

Q 〈마태복음〉 6장 19절 말씀을 기록해 보세요.

이 말씀은 무조건 저축하지 말라는 말씀이 아닙니다. 당시 시대는 지금처럼 은행이 없었기 때문에 물건으로 부를 축적하는 방법 밖에 없었습니다. 그러나 주님은 그런 의미 없는 일을 하지 말라고 말씀하십니다. 주님의 원칙은 목적을 분명하게 하라는 것입니다. 만약 돈을 모은다면 어떠한 목적에서 돈을 모으냐는 것입니다. 본문에서 "너희를 위하여"라는 말의 헬라어는 '휘민'이라는 단어입니다. 돈을 쓰는 목적이 '휘민'입니다. 내 노후와 자존심을 위하여 나 자신과 자녀들에게 유산을 남기기 위해 보물을 땅에 쌓아 둔다는 것은 바람직하지 않다는 것입니다. 그것은 선한 목적으로 저축하는 것과 다른 의미입니다.

Q 〈누가복음〉 12장 20절 말씀을 기록해 보세요.

어리석은 부자는 노후를 좀 편하게 보내려고 열심히 일하여 농사를 지었습니다. 대풍으로 창고도 크게 짓고 정말 많이 저축했습니다. 그 다음에 "내가 좀 더 쉬자 자자 놀자"라고 합니다.

요즘 노후를 보장받고 편안하게 살려면 17억 원은 필요하다고 합니다. 그래서 어떤 사람이 안 먹고 안 쓰고 수단과 방법을 가지지 않고, 욕도 듣고, 손가락질도 받으며 17억을 모았습니다. 나이가 50대 중반이 되어, 수십 개의 적금통장도 있고 나름 만족할 만했습니다. 이정도 돈이면 팔, 구십 세가 되어도 아무 문제가 없을 것 같았습니다. 해외 여행도 다니고 좋은 외제차도 뽑고 골프도 치면서 명품도 사고 누리며 살 것이라고 생각했습니다.

그런데 다른 날도 아니고 오늘 밤에 네 영혼을 찾는다는 것입니다. 결국 그 사람에게는 우리 인생을 안전하게 보장해 주시는 주님이 없다는 것입니다. 오늘날 우리의 인생도 하나님이 지금 오라고 하시면 당장 가야 합니다. 그럴 때는 아무것도 보장받을 수 없고 내세울 것도 드러낼 것도 없습니다. 가진 것 하나 없이 가야 합니다.

② 물질을 어떻게 사용해야 하는가를 알아야 합니다.

Q 〈누가복음〉 6장 38절 말씀을 기록해 보세요.

하나님이 찾으시는 사람은 물질의 복뿐 아니라 영적인 부요함에도 최선과 성실을 다하는 사람입니다. 하나님 나라 확장을 위해 영혼 구원하는 일에 최선을 다하고 가난하고 고통받고 소외받고 신음하는 자들을 도와주고 세워주는 사람입니다. 선한 목적을 위해 어떤 일에든지 최선을 다하고 주의 영광을 위해 살아가는 사람입니다. 그렇게 살아가는 사람은 목적이 다르고 세상의 물질에 집착하지 않습니다. 편법을 쓰지 않습니다. 하나님도 우리의 물질이 하나님의 영광을 나타내는 선한 사업에 사용된다면 더 크게 기뻐하실 것입니다.

우리의 삶의 목적이 달라지고 물질관이 달라지면 가장 먼저 삶에 평화가 찾아옵니다. 모든 일을 당당하게 감당하고 어떠한 편법이나 집착에 동요할 필요도 없습니다. 우리가 하나님 영광을 위한 선한 목적을 위해 쓰고자 하면 하나님이 더 많이 주십니다. 만약 덜 주시면 오히려 하나님이 손해이십니다. 주시지 않더라도 하나님에게 다른 생각이 있으신 것입니다.

선한 방법과 선한 목적을 위하여 물질을 모으는 것은 미래를 준비하는 것이며 하나님이 기뻐하시는 일입니다. 그래서 그리스도인들이 저축하는 것은 우리의 미래를 보장받기 위함이 아닙니다. 주의 영광을 나타내고 주의 일을 하기 위함입니다. 따라서 우리 삶의 안전은 오직 예수 그리스도 안에 있습니다. 모든 풍성함은 주님 안에 있습니다.

주식회사 〈영성〉의 이정재 회장을 알고 있을 것입니다. 장로님으로서 전 재산인 800억이나 되는 자산과 부동산을 사랑의 보금자리 복지재단에 기증하셨습니다. 적은 돈이 아닙니다. 그 분은 40년 동안 결핵환자들의 아픔을 생각하며 7만 명의 결핵환자를 살렸습니다. 자녀들에게도 유산을 남기지 않았습니다. 기쁜 마음으로 800억을 기증했습니다. 그 분은 어떻게 인생을 살아야 하고 물질을 써야 하는지 잘 알았던 분이었습니다.

〈애플〉사의 스티븐 잡스의 일생을 기록한 책을 읽으면서 한 가지 깨닫게 된 사실이 있습니다. 분명 그는 이 시대의 영웅이었고, 한 시대에 혁명을 열어갔던 사람임은 분명합니다. 그러나 좀 불쌍한 생각이 들었습니다. 스티븐 잡스와 비교하여 금세기의 최고의 부자라고 하면 빌 게이츠(William Henry Gates III, Bill Gates)를 꼽을 수 있습니다. 똑같은 시대에 혁명을 주도하고, 다음 세대를 준비한 영웅이지만 빌 게이츠와 스티븐 잡스의 인생은 너무나 다릅니다. 빌 게이츠는 2000년에 자신이 경영하던 〈마이크로 소프트〉사에서 은퇴를 하고 '빌 & 머랜더 재단'이라고 하는 자선재단을 설립합니다. 빌 게이츠는 "자신과 아내 이름을 따서 550조원이 되는 재산의 반 이상을 빈곤과 고통받는 사람들을 위하여 쓸 것이다."라고 말했습니다.

반면에 뉴욕 센트럴 파크 앞에 있는 애플 스토어 빌딩을 보면 스티븐 잡스의 삶이 떠오릅니다. 위대한 일을 하고 거대한 갑부라는 생각은 들었지만 과연 그가 남을 위해서는 무엇을 했느냐고 묻는다면 물음표로 답할 수밖에 없습니다. 그렇게 두꺼운 책에서도 재산을 환원했다든지 다른 사람을 위해 사용했다는 내용은 전혀 없습니다. 두 사람의 인생에 대한 평가는 사람마다 다르겠지만 물질관에 있어서는 빌 게이츠가 더 존경받는 인물임에는 분명하다고 생각합니다.

최선을 다해 열심히 노력해서 돈을 벌어야 합니다. 하나님은 정당한 방법으로 돈을 버는 것을 책망하지 않습니다. 성경은 정직하고 깨끗한 방법으로 돈을 버는 것을 장려하지 금하지는 않습니다.

③ 하나님의 영광을 위한 물질이 되어야 합니다.

Q 〈잠언〉 13장 11절 말씀을 기록해 보세요.

주님의 관심은 얼마나 많은 재산을 가졌느냐가 아닙니다. 얼마나 큰 부자이고 어떻게 많이 벌었느냐가 아닙니다. 어떻게 쓰느냐에 더 큰 관심을 가지십니다. 정당한 방법으로 물질을 모아 하나님의 영광을 위해 사용해야 합니다.

주님과 동행하기

1. 물질을 모으는 데 하나님이 기뻐하시는 조건

Q **〈잠언〉 11장 24~25절 말씀을 기록해 보세요.**

《지혜와 영적성숙》이라는 책을 보면 물질을 모으는 데 하나님이 기뻐하시는 조건이 있습니다.

① 자신의 건강을 해치지 않는 조건에서 물질을 모아야 합니다.

어떤 분은 돈의 노예가 되어 마음과 육신의 건강을 상하게 합니다. 심지어 영혼의 건강을 해치면서 일만 하다 세상을 떠나는 분도 있습니다.

② 가족의 건강을 해치지 않는 조건 하에서 물질을 모아야 합니다.

물질 때문에 형제 사이가 갈라지고 물질 때문에 아름다운 가정이 깨진다면 아무런 소용이 없는 것입니다.

③ 다른 사람을 해치지 않는 범위에서 물질을 모아야 합니다.

아무리 물질이 좋아도 남에게 상처를 주고 손해를 주며 부당이득을 취하는 것은 하나님이 싫어하시는 정도가 아니라 죄입니다.

④ 신앙생활을 해치지 않는 조건에서 물질을 모아야 합니다.

영적인 것에 방해되는 사업이나 직장은 바람직한 것이 아닙니다. 모텔이나 술집을 세우고 개업예배 드려 달라고 하면 당연히 갈 수 없습니다. 하나님이 기뻐하시는 일이 아니기 때문입니다.

이것이 하나님이 우리에게 말씀하신 역설의 진리입니다. 남을 윤택하게 하면 우리가 윤택하게 됩니다. 남에게 나누면 주님이 넘치도록 채워주십니다. 우리가 아끼고 인색할 때에 오히려 가난하게 됩니다.

2. 삶의 진정한 우선순위

① 우리 마음의 일등은 하나님이 되어야 합니다.

Q 〈마태복음〉 6장 33절 말씀을 기록해 보세요.

이 시대는 하나님보다 더 사랑하는 것이 많습니다. 돈이 그 위에 있는 사람이 있습니다. 자녀나 명예도 있습니다. 특히 돈이 사람들의 마음에 가장 큰 우상입니다. 그렇다고 돈을 죄악시하라는 것은 아닙니다. 단, 돈을 너무 우선순위에 두는 것이 문제라는 말씀입니다. 우리 마음의 일등은 하나님이 되어야 할 것입니다.

Q 〈마태복음〉 6장 22절 말씀을 기록해 보세요.

무엇을 보느냐가 중요합니다. 어둠을 보는 자는 어둠을, 빛을 보는 사람은 빛을 봅니다. 어디를 보느냐에 따라 보는 사람의 우선순위가 달라집니다. 돈이 내 인생을 보장한다고 믿는 사람은 돈을 바라보기에 그것보다 더 가치 있는 것을 보지 못합니다. 더 안전한 곳을 바라보지 못하는 것입니다.

《탈무드》에 이런 이야기가 있습니다. 한 추장이 군대를 이끌고 이웃 부락을 점령했습니다. 점령 후에 남자들은 모두 노예를 삼고 여자들은 다 풀어주라고 명령합니다. 풀려난 여자들에게는 떠날 때 자신의 보물 한 가지씩을 가지고 가라고 명령했습니다. 어떤 여자는 금덩어리를 가져가고 어떤 여자는 집에 소중한 기구를 가져가고 어떤 여자는 집안에 있는 불 피우는 것을 가져갔습니다. 그런데 한 조그마한 여인이 자기 몸보다 훨씬 무거워 보이는 보따리를 들고 낑낑 거리며 가는 것이었습니다.

"너의 보물이 무엇이기에 그렇게 크냐? 무엇이 들어 있느냐?"

추장이 묻자 여인은 빙그레 웃으면서 보자기를 펼쳐 보였습니다. 보자기 안에는 그 여인의 남편이 있었습니다. 그리고 여인이 말했습니다. "저의 진짜 보물은 남편입니다."

들어보니 일리가 있는 말이었습니다. 다른 여인들은 모두 보물을 가지고 간다고 난리였는데 한 여인만 남들이 보지 못하는 참 보물을 본 것입니다.

하나님보다 더 사랑하는 것이 있다면 진정한 신앙인의 모습이 아닙니다. 이 땅에 물질보다도 이 세상의 그 무엇보다도 참된 안전을 보장하고 우리 삶에 주인 되시는 하나님을 먼저 생각해야 합니다. 그때에 하나님이 우리의 물질과 삶, 건강과 안전, 노후까지 책임져 주실 줄로 믿습니다.

이 땅의 모든 것에는 마지막이 있습니다. 우리도 주님 앞에 심판받을 날이 있습니다. 그때 우리가 얼마나 벌었고 얼마나 가졌느냐는 아무런 문제가 되지 않습니다. 하나님이 우리에게 원하시는 것은 '맡겨 주신 것을 어떻게 벌고 어떻게 사용했느냐?'입니다. 이 땅의 것에 집착한다고 우리의 안전을 보장받는 것은 아닙니다.

"잠시 머물 이 세상은 헛된 것들뿐이니 주를 사랑하는 마음 금보다 더 귀하다."라는 찬양의 가사를 잊지 말고 살아가시기를 소망합니다.

2. 돈에 대한 우리의 생각 점검

돈에 대한 우리의 생각을 점검하고 토의하며 말씀을 통하여 정답을 찾아봅시다. 자기 생각과 가장 가까울 때, 매우 그렇다. 가장 멀 때 전혀 그렇지 않다에 체크해 봅시다.

	내용	매우 그렇다	그렇다	그저 그렇다	그렇지 않다	전혀 그렇지 않다
1	내가 번 돈은 다 내 것이다.					
2	돈은 단지 교환 수단에 불과하다.					
3	돈이면 안 되는 것이 없다. 돈이 최고이다.					
4	내 능력으로 지금까지 돈 벌고 살아왔다.					
5	한국사회라는 경제 구조 속에서 '깨끗한 부자'는 불가능하다.					
6	가난하면 경건하다.					
7	돈이 많으면 행복하다.					

8	예수 믿으면 부자 된다.
9	신앙과 돈 문제는 서로 연관성이 없는 별개의 문제이다.
10	조금만 더 수입이 있으면 모든 문제가 해결될 것이다.
11	과정이야 어떻게 되든 돈은 일단 많이 벌고 볼 일이다.
12	대박 인생을 살고 싶다.
13	믿는 자들이 부동산, 주식에 투자하는 것은 절대 바람직하지 못하다.
14	믿는 자들이 돈을 많이 벌려고 하는 것은 신앙적이지 못하다.
15	정직하면 손해 본다. 적당히 사는것이 좋다.
16	십일조를 반드시 해야 할 필요는 없다.
17	십일조를 하면 되지 구태여 구제까지 할 필요는 없다.
18	돈은 정해진 계획을 세울 필요가 없이 형편에 따라 그때마다 쓰면 되는 것이다.
19	내가 번 돈 내가 쓰는데 어디에 쓰건 문제될 것 없다.
20	자본주의 하에서 빚을 지는 것은 피할 수 없는 일이다.

• **채점**

매우 그렇다	1점
그렇다	2점
그저 그렇다	3점
그렇지 않다	4점
전혀 그렇지 않다.	5점

40점~60점	보통의 재물관을 가졌습니다.
60점~80점	건강한 재물관을 가졌습니다.
80점~100점	아주 건강한 성경적 재물관을 가졌습니다.

각 주장에 답이 될 수 있는 성경 구절

	내용	성경구절
1	내가 번 돈은 다 내 것이다.	**〈로마서〉 11:36** 이는 만물이 주에게서 나오고 주로 말미암고 주에게로 돌아감이라 그에게 영광이 세세에 있을지어다 아멘
2	돈은 단지 교환수단에 불과하다.	**〈마태복음〉 6:24** 한 사람이 두 주인을 섬기지 못할 것이니 혹 이를 미워하고 저를 사랑하거나 혹 이를 중히 여기고 저를 경히 여김이라 너희가 하나님과 재물을 겸하여 섬기지 못하느니라
3	돈이면 안 되는 것이 없다. 돈이 최고이다.	**〈디모데전서〉 6:17** 네가 이 세대에서 부한 자들을 명하여 마음을 높이지 말고 정함이 없는 재물에 소망을 두지 말고 오직 우리에게 모든 것을 후히 주사 누리게 하시는 하나님께 두며
4	내 능력으로 지금까지 돈 벌고 살아왔다.	**〈신명기〉 8:18** 네 하나님 여호와를 기억하라 그가 네게 재물 얻을 능력을 주셨음이라 이같이 하심은 네 조상들에게 맹세하신 언약을 오늘과 같이 이루려 하심이니라
5	한국사회라는 경제구조 속에서 '깨끗한 부자'는 불가능하다.	**〈잠언〉 11:3** 정직한 자의 성실은 자기를 인도하거니와 사악한 자의 패역은 자기를 망하게 하느니라
6	가난하면 경건하다.	**〈잠언〉 30:8~9** 곧 헛된 것과 거짓말을 내게서 멀리 하옵시며 나를 가난하게도 마옵시고 부하게도 마옵시고 오직 필요한 양식으로 나를 먹이시옵소서 혹 내가 배불러서 하나님을 모른다 여호와가 누구냐 할까 하오며 혹 내가 가난하여 도둑질하고 내 하나님의 이름을 욕되게 할까 두려워함이니이다
7	돈이 많으면 행복하다.	**〈전도서〉 5:10** 은을 사랑하는 자는 은으로 만족하지 못하고 풍요를 사랑하는 자는 소득으로 만족하지 아니하나니 이것도 헛되도다
8	예수 믿으면 부자 된다.	**〈사무엘상〉 2:7** 여호와는 가난하게도 하시고 부하게도 하시며 낮추기도 하시고 높이기도 하시는도다

9	신앙과 돈 문제는 서로 연관성이 없는 별개의 문제이다.	**〈누가복음〉 16:10~12** 지극히 작은 것에 충성된 자는 큰 것에도 충성되고 지극히 작은 것에 불의한 자는 큰 것에도 불의하니라 너희가 만일 불의한 재물에도 충성하지 아니하면 누가 참된 것으로 너희에게 맡기겠느냐 너희가 만일 남의 것에 충성하지 아니하면 누가 너희의 것을 너희에게 주겠느냐
10	조금만 더 수입이 있으면 모든 문제가 해결될 것이다.	**〈마태복음〉 6:33** 그런즉 너희는 먼저 그의 나라와 그의 의를 구하라 그리하면 이 모든 것을 너희에게 더하시리라
11	과정이야 어떻게 되든 돈은 일단 많이 벌고 볼 일이다.	**〈디모데전서〉 6:9~10** 부하려 하는 자들은 시험과 올무와 여러 가지 어리석고 해로운 욕심에 떨어지나니 곧 사람으로 파멸과 멸망에 빠지게 하는 것이라 돈을 사랑함이 일만 악의 뿌리가 되나니 이것을 탐내는 자들은 미혹을 받아 믿음에서 떠나 많은 근심으로써 자기를 찔렀도다
12	대박 인생을 살고 싶다.	**〈잠언〉 28:20** 충성된 자는 복이 많아도 속히 부하고자 하는 자는 형벌을 면하지 못하리라
13	믿는 자들이 부동산, 주식에 투자하는 것은 절대 바람직하지 못하다.	**〈누가복음〉 19:12~27** - 청지기 비유 말씀
14	믿는 자들이 돈을 많이 벌려고 하는 것은 신앙적이지 못하다.	**〈신명기〉 28:2~6** 네가 네 하나님 여호와의 말씀을 청종하면 이 모든 복이 네게 임하며 네게 이르리니 성읍에서도 복을 받고 들에서도 복을 받을 것이며 네 몸의 자녀와 네 토지의 소산과 네 짐승의 새끼와 소와 양의 새끼가 복을 받을 것이며 네 광주리와 떡 반죽 그릇이 복을 받을 것이며 네가 들어와도 복을 받고 나가도 복을 받을 것이니라
15	정직하면 손해를 본다. 적당히 사는 것이 좋다.	**〈이사야서〉 33:15~16** 오직 공의롭게 행하는 자, 정직히 말하는 자, 토색한 재물을 가증히 여기는 자, 손을 흔들어 뇌물을 받지 아니하는 자, 귀를 막아 피 흘리려는 꾀를 듣지 아니하는 자, 눈을 감아 악을 보지 아니하는 자, 그는 높은 곳에 거하리니 견고한 바위가 그의 요새가 되며 그의 양식은 공급되고 그의 물은 끊어지지 아니하리라

16	십일조를 반드시 해야 할 필요는 없다.	**〈누가복음〉 11:42** 화 있을진저 너희 바리새인이여 너희가 박하와 운향과 모든 채소의 십일조는 드리되 공의와 하나님께 대한 사랑은 버리는도다 그러나 이것도 행하고 저것도 버리지 말아야 할지니라
17	십일조를 하면 되지 구태여 구제까지 할 필요는 없다.	**〈요한일서〉 3:17~18** 누가 이 세상의 재물을 가지고 형제의 궁핍함을 보고도 도와 줄 마음을 닫으면 하나님의 사랑이 어찌 그 속에 거하겠느냐 자녀들아 우리가 말과 혀로만 사랑하지 말고 행함과 진실함으로 하자
18	돈은 정해진 계획을 세울 필요가 없이 형편에 따라 그때마다 쓰면 되는 것이다.	**〈잠언〉 20:25** 함부로 이 물건은 거룩하다 하여 서원하고 그 후에 살피면 그것이 그 사람에게 덫이 되느니라
19	내가 번 돈 내가 쓰는데 어디에 쓰건 문제될 것 없다.	**〈마태복음〉 6:20** 오직 너희를 위하여 보물을 하늘에 쌓아 두라 거기는 좀이나 동록이 해하지 못하며 도둑이 구멍을 뚫지도 못하고 도둑질도 못하느니라
20	자본주의 하에서 빚을 지는 것은 피할 수 없는 일이다.	**〈로마서〉 13:8** 피차 사랑의 빚 외에는 아무에게든지 아무 빚도 지지 말라 남을 사랑하는 자는 율법을 다 이루었느니라

창공을 향해 번지점프를 하라

✣ 〈마태복음〉 6장 25~34절

25 그러므로 내가 너희에게 이르노니 목숨을 위하여 무엇을 먹을까 무엇을 마실까 몸을 위하여 무엇을
입을까 염려하지 말라 목숨이 음식보다 중하지 아니하며 몸이 의복보다 중하지 아니하냐 26 공중의 새를
보라 심지도 않고 거두지도 않고 창고에 모아들이지도 아니하되 너희 하늘 아버지께서 기르시나니 너희
는 이것들보다 귀하지 아니하냐 27 너희 중에 누가 염려함으로 그 키를 한자라도 더할 수 있겠느냐 28 또
너희가 어찌 의복을 위하여 염려하느냐 들의 백합화가 어떻게 자라는가 생각하여 보라 수고도 아니하고
길쌈도 아니하느니라 29 그러나 내가 너희에게 말하노니 솔로몬의 모든 영광으로도 입은 것이 이 꽃 하
나만 같지 못하였느니라 30 오늘 있다가 내일 아궁이에 던져지는 들풀도 하나님이 이렇게 입히시거든 하
물며 너희일까 보냐 믿음이 작은 자들아 31 그러므로 염려하여 이르기를 무엇을 먹을까 무엇을 마실까
무엇을 입을까 하지 말라 32 이는 다 이방인들이 구하는 것이라 너희 하늘 아버지께서 이 모든 것이 너희
에게 있어야 할 줄을 아시느니라 33 그런즉 너희는 먼저 그의 나라와 그의 의를 구하라 그리하면 이 모든
것을 너희에게 더하시리라 34 그러므로 내일 일을 위하여 염려하지 말라 내일 일은 내일 염려할 것이 한
날의 괴로움은 그 날로 족하니라

세상 돌아보기

옆은 뇌구조 그림입니다. 현재 자신의 주요 관심사와 생각을 뇌 구조 그림 안에 모두 써 넣어 주세요. 그리고 서로 나누어 봅시다.

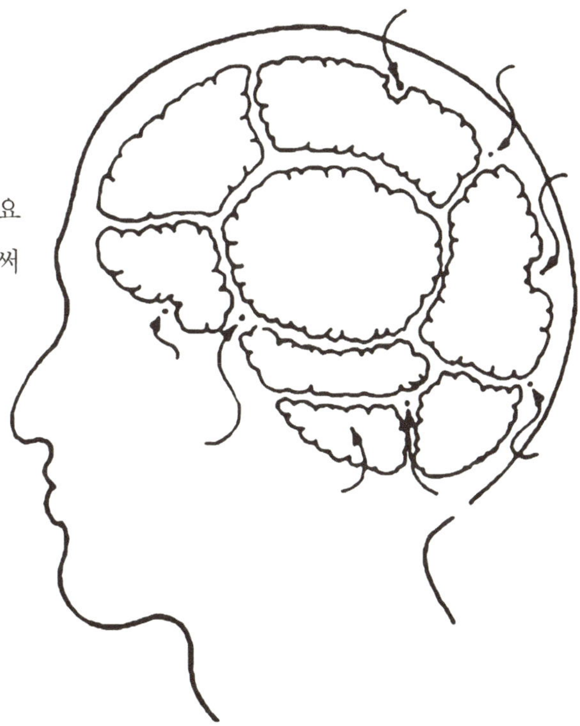

주님 알아가기

어떤 분이 사업차 중요한 일로 미국에 출장을 가게 되었습니다. 그런데 왠지 이번 출장은 마음이 불안하고 뭔지 모르겠지만 꼭 사고가 날 것 같은 마음이 들었습니다. 그래서 출장 전에 생명보험과 여행자 보험을 아주 큰 것으로 넣었습니다. 이제 스스로 마음에 안심을 하고 비행기 출발시간이 조금 남아 이층에 있는 식당가에 가서 식사를 했습니다. 그 식당에는 디저트로 중국과자가 나왔습니다. 그 중국과자는 깨물어 먹으면 그 안에 오늘의 운세가 적혀있는 종이가 있는 과자였습니다. 그 사람은 과자를 먹고 종이에 적혀있는 운세를 읽어보았습니다. "당신이 오늘 투자한 모든 것은 대 성공입니다."라고 나왔습니다.

사업가는 깊이 생각합니다. "오늘 내가 큰 보험을 넣었는데 내가 죽어서 큰 보험금을 탄다는 뜻인가?" 별거 아닌 오늘의 운세를 보고 난 후에 마음은 더욱 불안해졌습니다. 비행기를 타야 하나 말아야 하나 고민을 하다가 결국에는 비행기를 타지 않았다고 합니다.

참 어리석은 인생입니다. 믿음생활을 한다고 해도 누구나 불리하거나 불안한 소식이 들리면 염려하고 망설이는 것이 당연합니다. 연약한 인간의 모습입니다. 모든 사람은 형태와 정도의 차이일 뿐이지 염려를 안고 살아가고 있습니다. 이 땅에 살아가는 사람들 중에 염려가 없는 인생은 아무도 없습니다. 이런 의미에서 모든 인간은 염려를 다 가지고 있습니다. 그리스도인도 예외는 아닙니다.

1. 21세기 형 다섯 가지 염려의 유형

미국의 국립 암 연구센터에서 "21세기형 다섯 가지 염려의 유형"이라는 글을 발표했습니다.

① 관심사 유형입니다.

사람은 누구나 자신이 관심을 가지고 있는 것에 대해서 염려한다는 것입니다. 돈에 대한 관심이 있는 사람은 돈 때문에 염려합니다. 자식들에게 관심이 있는 사람은 자식들 때문에 염려합니다. 건강에 관심이 있는 사람은 건강 때문에 염려하게 된다는 것입니다.

② 염려 때문에 비판하는 유형입니다.

사람들의 일상생활에 변화가 일어나면 염려합니다. 식구들 중에 누군가 죽었든지, 이혼을 했다든지, 회사가 부도가 나고 갑작스럽게 퇴직을 하고, 자녀 문제가 있거나 성적이 떨어지고, 잘 되던 장사나 사업이 잘 되지 않는 삶의 크고 작은 변화가 일어날 때 사람들은 염려하게 된다는 것입니다.

③ 비판 때문에 염려하는 유형입니다.

사람들은 타인에게 비판을 받는 것을 싫어합니다. 비판을 받는다면 그 비판 때문에 염려하게 됩니다. 어떻게든 비판을 받지 않으려고 하다 보면 늘 마음속에 염려거리가 생기게 됩니다.

④ 압박감 때문에 염려하는 유형입니다.

사람들은 누구나 중요한 일을 맡았는데 분명하게 그 일을 처리하지 못하면 스트레스를 받고 염려하게 됩니다. 가장들에게 가장 많이 해당되는 부분입니다. 직장에서는 언제 퇴직을 당할 지 모르고 가족들을 어떻게 먹여 살릴 것인가에 대한 부담감이 늘 마음속에 있습니다. 이런 여러 가지 문제 속에서 잘 이끌어 가야 한다는 압박감을 가지며 염려하게 된다는 것입니다.

⑤ 양심의 가책 때문에 염려하는 유형입니다.

사람들은 남에게 숨겨야 하는 비밀이 있을 때 그것이 들킬까 봐 늘 불안하고 초조해 하며 염려합니다.

2. 염려 속에 함축된 두 가지 의미

① 지나간 일에 대한 쓸데없는 염려입니다.

Q 〈고린도후서〉 7장 10절 말씀을 기록해 보세요.

② 닥치지도 않은 미래에 대한 염려입니다.

Q 〈마태복음〉 6장 34절 말씀을 기록해 보세요.

주님 바라보기

제니라고 하는 여성이 있습니다. 제니 이야기를 통해 염려는 절대로 풀 수 있는 것이 아니라는 것을 깨달을 수 있습니다. 더 나아가서 염려하다가 포기할 것도 아니라는 사실도 알게 됩니다.

제니는 세 가지 특징이 있는 아이였습니다. 키가 굉장히 작았습니다. 또 엄청나게 뚱뚱했습니다. 거기에다 너무너무 못생겼습니다. 얼굴 전체에 주근깨가 있었습니다. 그런데 이 아이가 부모님으로부터 충격적인 이야기, 부모로서 할 수 없는 이야기를 엿듣게 되었습니다.
옆방에 자기가 자는 줄 알고 부모님이 이야기를 하는데, "여보, 제니를 앞으로 어떻게 할 지 모르겠어요. 저렇게 못생기고 뚱뚱하고 아이들에게 놀림받는데 세상에 나가 무엇을 할 수 있을까요?"
"차라리 제니가 상처 안 받고 하나님이 일찍 데려가면 좋겠어!" 죽으라는 얘기입니다. 제니는 그때부터 다섯 번이나 자살을 시도합니다. 그러나 그때마다 하나님이 극적으로 제니를 살려 주셨습니다. 자살에 실패한 제니는 왕따를 당하며 억지로 고등학교를 졸업하고 대학도 가지 못하고 평생교육원에 들어갑니다. 그곳에서 진심으로 제니를 위하여 기도해 주는 신실한 그리스도인 동료를 만납니다. 자신의 염려거리를 같이 안고 기도해 줍니다. 신실한 그 동료는 제니가 뚱뚱하고 못 생겼고 언제라도 죽고 싶다고 말할 때마다 "예수님은 너를 사랑해!"라고 위로해 주었습니다. 그리고 그 동료는 제니를 전도하여 자신이 다니던 교회에 데리고 갔습니다.
동료가 다니던 교회는 시카고 근교에 있는 '헤먼드' 침례교회였습니다. 그곳에서 제니는 아름답게 신앙생활을 했고, 하나님이 자신을 사랑하신다는 마음이 조금씩 들기 시작했습니다. 염려거리가 조금씩은 약해지는 것을 느끼며, 용기를 가지면서 내가 할 수 있는 것이 뭘까 고민하다가 어른들을 상대로 봉사하기 힘들고, 중고등학생도 안되고 초등학교 아이들이 못생겼다고 할 것 같아서 결국은 유치부 보조교사를 맡게 되었습니다.
그런데 놀라운 일이 생깁니다. 아이들이 제니를 좋아하는 것입니다. 이상하게 생겨서 더 좋아할 수도 있습니다. 아이들이 따르기 시작하고 스타가 되었습니다. 그래서 정식교사가 되는데 유치부가 폭발적으로 부흥하기 시작합니다. 하나님이 제니에게 아이들을 위한 좋은 프로그램을 떠오르게 하십니다. 그래서 제니가 교회 프로그램에 관여하게 되었고 교회 주일학교 전체에 총책임자가 됩니다. 그리고 헤먼드 침례교회가 세계 최대의 주일학교가 됩니다. 지금도 시카고 근교에 주일이 되면 모든 초중고 학교는 교회로 변합니다. 현재 수백 대의 버스가 운행되고 3만 명의 주일학교 학생이 있기 때문입니다. 위대한 일입니다. 자녀에 대한 부모의 염려는 기우 정도가 아니라 자녀를 망칠 뻔 했다는 말입니다. 자기 몫이 아닙니다. 하나님이 하시는 것입니다.

내 가정을 보면 염려 거리가 태산 같고 내 자녀를 봐도 그렇습니다. 내 삶이나 노후를 봐도 걱정이 태산 같은데 주님은 염려하지 말라고 하시니 그 말씀이 내 마음에 와 닿지 않습니다.

Q **〈마태복음〉 6장 25절 말씀을 기록해 보세요.**

이 말씀은 우리가 받아들이기에 참 어렵습니다. 주님은 우리에게 먹는 것, 마시는 것, 입는 것, 모든 삶에 대해서 염려하지 말라고 하셨습니다. 당연히 염려하지 말아야 하지만 말씀을 받아들이기 어려울 뿐만 아니라 전혀 공감되지 않습니다. 어쩌면 염려 거리가 많다는 것이 솔직한 모습인데도 주님은 우리에게 염려하지 말라고 합니다.

주님은 누구에게나 인생에 염려거리가 있다는 것을 알고 인정하고 계십니다. 주님은 거기에서 멈추지 않고 더 나아가 염려가 있다는 것을 인정하며 네가 그 염려를 어떻게 취급하느냐 어떻게 염려를 다루느냐를 우리에게 말씀하고 있습니다.

1. 아무것도 염려하지 말라고 말씀하십니다.

① 참된 그리스도인은 어떤 염려도 이길 수 있습니다.

Q 〈마태복음〉 6장 31~32절 말씀을 기록해 보세요.

세상 사람들은 염려 속에 살아갑니다. 세상 사람들은 염려 때문에 가슴이 조여지고 늘 낙심하며 절망 속에서 살아갑니다. 주님은 이렇게 세상의 모든 사람은 누구나 염려 속에 살아가지만 그리스도인은 염려하지 말라고 하십니다. 염려하고 걱정하는 것은 이방인들이 하는 것이라고 하십니다. 주님은 염려가 우리에게 무익한 것임을 아시기에 우리에게 염려하지 말라고 말씀하셨습니다.

① 염려는 무익한 것입니다.

Q 〈마태복음〉 6장 27절 말씀을 기록해 보세요.

키가 작은 사람이 밤새도록 근심합니다. "내 키는 왜 이렇게 작을까?" "170cm도 안 되고 어떻게 할까?" "내 키가 한 3cm만 더 크면 좋겠다."라고 하면서 머리띠 두르고 밤새도록 고민을 해도 그 다음날 아침에 키를 재보면 0.5mm도 자라지 않는다는 것입니다. 다른 성경의 번역본과 성경 사본에 따르면, "너희 중에 누가 염려함으로 너희 목숨을 한 순간이나 늘릴 수 있느냐"라고 했습니다. 사람의 생명은 하나님의 손에 달려 있습니다. 내가 어떤 방법을 쓴다고 생명을 늘어나는 것이 아닙니다.

남들이 다 아니라며 포기하고 끝나는 것 같아도 하나님의 은혜와 그분의 섭리가 아니라면 어떤 것도 끝나는 것이 아닙니다. 남들이 다 죽는다고 해도 하나님의 섭리가 아니면 절대로 죽지 않습니다. 이 땅에 수많은 염려거리가 있지만 모든 염려거리는 우리의 몫이 아니라는 것입니다. 사람이 염려할 때 해결책이 있고 내 손으로 할 수 있다면 절대로 염려하지 않습니다. 내 손으로 안 되고 내 능력으로 안 되기 때문에 사람들은 염려하는 것입니다.

주님은 말씀하십니다. "네가 염려한다고 키가 자라거나 목숨이 길어지지 않는다." "염려는 네 몫이 아니기에 네가 염려한다는 것은 무익하다."

2. 염려는 하나님이 누리라고 주신 행복조차 빼앗아 가 버립니다.

① 미래의 삶은 하나님의 것이기에 염려할 필요가 없습니다.

Q 〈마태복음〉 6장 34절 말씀을 기록해 보세요.

분문의 말씀은 문자 그대로 내일 염려거리는 내일하라는 말이 아닙니다. 이 말은 내일이라는 미래의 삶은 너의 것이 아니기 때문에 염려하지 말라는 것입니다.

② 염려는 감사를 잃어버리게 만듭니다.

Q 〈누가복음〉 12장 26절 말씀을 기록해 보세요.

모든 사람은 염려함으로 오히려 우리에게 주신 여러 가지 감사를 잃어버립니다. 염려를 통해 행복을 잃어버립니다. 하나님이 우리에게 100가지를 주셨는데 한 가지의 염려거리가 생기면 그 99가지의 행복과 감사를 놓쳐버립니다. 내일은 아직 우리에게 주어진 시간이 아닙니다. 내 것도 아닙니다. 시간과 나를 놓고 걱정하는 것은 잘못입니다. 차라리 우리가 염려하는 것보다 감사하고 행복을 누리는 것이 하나님의 뜻에 맞습니다.

많은 사람은 진짜 염려거리가 있는데도 우리가 행복하다는 것이 모순이라고 생각합니다. "저 사람은 어떻게 이렇게 많은 어려움과 염려가 있는데 저렇게 밝고 감사할 수 있지?" 주님은 우리에게 이것을 원하십니다. 주님은 우리에게 용기의 발을 앞으로 내딛기를 원하십니다. "너의 모든 염려를 내게 맡기고 너는 행복하면 좋겠다." 이것이 바로 우리에게 바라시는 주님의 마음입니다. 우리의 삶에 어떤 조건이라도 정말 중요한 것은 하나님이 주시는 행복과 감사를 놓치지 않는 것입니다.

주님은 모든 하나님의 백성이 행복하고 감사하며 자족하기를 원하기 때문에 염려하지 말라고 말씀하십니다.

③ 염려는 하나님에게 대한 신뢰를 잃어버리게 만듭니다.

Q 〈마태복음〉 6장 30절 말씀을 기록해 보세요.

아궁이에 던져질 들풀조차도 하나님이 먹이시고 입히신다는 말씀입니다. 이 말씀 가운데 참으로 은혜가 되는 단어는 바로 '하물며'라는 단어입니다. 작은 식물과 미물도 먹이고 입히시는 주님이 하물며 하나님의 자녀인 우리를 잊으시지 않는다는 것입니다.

Q **〈빌립보서〉 4장 6절 말씀을 기록해 보세요.**

"염려할 시간에 감사하라."는 말씀입니다. 염려할 시간에 차라리 기도하는 것이 더 지혜로운 것입니다. 우리가 고민하는 문제를 산상수훈에서 이렇게 말합니다. 수많은 염려거리 가운데 염려하는 자들을 향하여 믿음이 없다고 하지 않았습니다.

"믿음이 작은 자들아"라고 하고 있습니다. 그리스도인도 염려하며 주님도 다 아신다는 말입니다. 우리가 그렇게 염려한다고 하는 것은 나 자신이 하나님에 대한 신뢰가 부족하기 때문입니다.

3. 모든 염려는 우리의 몫이 아니기 때문에 하나님에게 맡겨야 합니다.

① 하나님이 우리의 염려를 다 알고 계십니다.

Q **〈마태복음〉 6장 32절 말씀을 기록해 보세요.**

우리는 알면서도 되지 않지만 하나님은 다 아십니다. 염려거리를 하나님께 맡기는 것은 믿음 있는 사람의 삶에 드러나는 모습입니다.

② 우리의 염려는 하나님에게 맡겨야 합니다.

Q 〈베드로전서〉 5장 7절 말씀을 기록해 보세요.

"너희 염려를 주께 맡기라."고 합니다. 이 말씀의 번역은 이전 개역한글 성경이 더 잘 되어 있습니다. "너희 염려를 다 주께 맡겨 버리라." '맡겨 버리라'는 단어는 헬라어 '에페립산토스'인데 두 단어가 합쳐진 합성어입니다. 하나는 '에피'인데 '위를 향하여'라는 전치사입니다. 방향을 분명하게 얘기합니다. 두 번째 '위토스'인데 '던져버려라'는 것입니다. "너희 염려를 주께 맡겨 버리라.", 즉 '에페립산토스'는 방향을 하늘로 향하여 모든 것을 집어 던지라는 것입니다. 이것은 대충 쓰는 표현이 아닙니다. 염려는 백해무익한 것이기에 너희들이 염려할 시간에 차라리 감사하고 행복해 하며 모든 염려는 위를 향하여 나에게 집어 던지라는 매우 강한 표현입니다.

하나님이 이렇게 강하게 말씀하시는 이유가 있습니다. 과거 성경에는 '권고하심이라.'라고 했습니다. 하나님이 돌보시겠다는 것입니다. 너희가 모든 염려를 던져 버리면 내가 그 모든 것을 받겠다는 것입니다. 주님이 책임져 주시겠다는 말씀입니다. 우리에게 심각한 염려거리도 하나님은 아무런 염려거리도 아닙니다.

무어라는 분의 이야기가 있습니다. 그가 한 사람을 상담하고 있는데 갑자기 쪼그마한 딸아이가 아빠 서재실의 문을 확 열고 들어오더니 꼬여진 줄넘기를 아빠의 손에 넘겨주는 것이었습니다. 실타래처럼 꼬여 있는 줄넘기를 손님이 있든지 말든지 '아빠'하면서 아빠 앞에 확 던져 놓고 나갔습니다. 아빠는 무슨 뜻인지 압니다. 딸아이는 아빠는 풀 수 있다고 생각하니까 말할 필요도 없이 그냥 던져 놓고 나가 버린 것입니다. 한참 상담하고 있다 보니 또 아이가 문을 열고 아빠를 쳐다보았습니다. 아빠는 아무 소리도 안하고 앞에 있는 분과 상담을 하면서 보지도 않고 꼬여 있는 줄넘기를 척 척 푸는 겁니다. 아이에게는 어렵지만 아빠에게는 아무것도 아닙니다. 아빠가 풀어 놓자 아이는 푼 것을 가지고 "아빠 감사해요." 하고 나가버렸습니다. 그때 상담자에게 이렇게 얘기합니다. "이것이 맡기는 것입니다. 오늘 우리 딸아이가 실례를 보여준 것입니다. 지금 당신의 문제는 당신이 풀 수 있는 것이 아닙니다. 아이가 아무 말 없이 던져 놓고 간 아이의 문제는 저에게 있어서 아무것도 아닙니다. 아이는 후에 풀려진 것을 찾아가면 됩니다."

우리에게 있는 수많은 염려거리도 하나님의 능력 앞에서 아무것도 아닙니다. 우리가 감당할 수 없다 하여 하나님에게도 불가능한 것이 아닙니다.

③ 하나님이 우리의 삶의 현장에 찾아오십니다.

Q **〈요한복음〉 14장 1절 말씀을 기록해 보세요.**

하나님은 우리에게 있어야 할 것을 미리 다 아시는 전능하신 하나님이십니다. 그 하나님에게 모든 염려를 맡겨버려야 합니다. 하나님은 우리를 권고하실 것입니다. 우리를 돌보실 것입니다. 하나님은 우리에게 깊은 관심을 가지십니다. 하나님이 내가 던지는 것을 받으시고 우리 삶의 현장에 지금 찾아오시겠다고 말씀하십니다. 주님은 모든 것을 아시기 때문에 우리의 모든 삶을 책임져 주시는 것입니다. 보잘 것 없는 작은 들풀도 기르시는 주님에게 우리의 먹고 입고 자는 모든 민생고를 맡겨야 합니다.

우리가 고민한다고 달라질 것은 하나도 없습니다. 그저 우리에게 주어진 삶속에서 하나님이 주신 것을 감사해야 할 것입니다. 아직도 열려지지 않은 미래와 답답한 미래에 대해서 염려하는 인생으로 살지 말아야 합니다. 하나님은 우리에게 오늘의 소중함을 주셨습니다.

우리의 자녀에 대한 염려도 주께 맡겨야 합니다. 자녀들을 키우면 키울수록 내 능력이 아니라는 것을 느끼실 것입니다. 염려한다고 달라지는 것은 없습니다. 내 능력이 아닙니다. 우리의 자녀가 마음에 고통을 주고 안타까운 마음이 들어도 포기하지 말고 주님 앞에 맡겨야 합니다. "하나님 이 아이는 하나님 몫입니다."

건강과 죽음의 모든 염려도 주께 맡겨야 합니다. 이 시대의 건강도 세상의 의술도 한계가 있습니다. 우리가 염려한다고 달라지는 것이 아닙니다. 당장 사형선고를 받았다 해도 죽는 것이 아닙니다. 하나님의 몫입니다. 모든 염려는 내 몫이 아니기에 주님에게 맡겨야 한다는 것입니다.

주님과 동행하기

1. 창공을 향해 번지점프를 하라.

Q 〈빌립보서〉 4장 6~7절 말씀을 기록해 보세요.

주님은 우리가 염려거리로 인해 어깨가 쳐져 있고, 이겨낼 수 없을 만큼 힘들어도 더 큰 것을 요구합니다. 한 마디로 걷기도 힘든 사람에게 네 몸을 창공을 향해서 날려버리라고 합니다. 믿음은 번지점프와 같습니다. 번지점프를 하는 사람은 제 정신이 아니든지 굉장한 용기가 있는 사람입니다. 번지점프를 하는 사람은 안내요원도 신뢰해야 하고 매고 있는 줄도 신뢰해야 합니다. 안전바도 신뢰해야 합니다. 모든 것을 신뢰해야 가능합니다. "아이구야 줄이 끊어지면 어떻게 할까? 시설은 안전할까?" 그래도 창공을 향해 몸을 던지는 것은 최선을 다해 용기를 내는 것입니다.

주님은 아시면서도 우리에게 발을 떼라고 합니다. 염려거리가 많은데 지금 힘든데 거기에다 발까지 떼라고 합니다. 도전하라고 말합니다. 해보라고 하십니다. 하나의 길이 막히면 네가 좌절하지 말고 염려하지 말고 믿음의 발자국을 떼라는 것입니다. 단순히 평지에서 뛰는 것이 아니라 죽을 것 같고 도저히 할 수 없을 것 같지만 창공과 빈 공간을 향하여 번지점프를 하라고 하십니다. 하나님은 아래로 내려가 받을 준비를 하고 계십니다.

주님은 앞의 모든 염려의 이야기를 하신 다음 결론적인 말씀을 하십니다. "그런즉 염려거리도 있다. 너희들이 염려한다고 되지 않는다. 내가 온갖 세상의 자연만물도 다 돌보는데 너희를 돌보지 않겠느냐 염려는 내 몫이다 너희는 염려하지 말아라!"

2. 먼저 그의 나라와 의를 구하라.

Q **〈마태복음〉 6장 33절 말씀을 기록해 보세요.**

주님의 말씀은 이것입니다. "이제 너희들이 믿음의 발자국을 떼라 옛날 같은 염려거리는 맡겨 버리고 그의 나라와 그의 의를 구해라." 본질과 가치의 우선순위를 정하라는 것입니다. 하나님의 영광을 위하여 좀 더 가치 있고 의미 있는 것들을 위하여 달려가야 합니다. 〈시편〉 37편의 말씀처럼 하나님을 의뢰하고 선을 행하는 일들에 거기에 관심을 가지고 노력하고 발을 떼면 주님이 우리의 염려거리는 더불어서 해결하여 주시겠다는 뜻입니다.

현재의 상황에 매몰되어서는 안 됩니다. 고통 속에 한없이 신음하고 염려하고 있어서도 안 됩니다.

백승욱이라는 사람이 있었습니다. 어릴 때부터 미국에서 유학생활을 하다가 스노보드에 취미를 가지게 됩니다. 정말 열심히 합니다. 결국은 한인 최초로 스노보드 대회에 나가 세계 5위도 합니다. 근데 연습 중에 발목뼈가 손상되어 불치판정을 받고 선수생활을 포기합니다. 인생이 끝난 줄 알았습니다. 내가 유일하게 잘 할 수 있는 것은 이것인데 내 인생이 앞으로 어떻게 될 것인가 온갖 염려 속에 살았습니다. 그가 붙든 것은 하나님의 말씀이었습니다. "너희 염려를 다 주께 맡겨버리라.이는 저가 너희를 권고하심이라." 그 말씀을 붙들고 자기가 할 수 있는 것이 무엇인가 고민하다가 그는 일식집 주방보조로 들어가게 되었습니다. 왜냐하면 요리에 조금 관심이 있었기 때문입니다. 곁눈질로 칼 쓰는 법, 회 뜨는 법, 초밥 만드는 법을 배웠습니다. 입사 삼년 만에 부주방장이 되었습니다. 그는 또 창공을 향하여 발을 떼었습니다. 다시 바닥으로 가서 제대로 배우고자 결국 일식 쉐프인 마사히로 모리모토의 부주방장까지 하던 사람이 주방보조로 다시 일합니다. 거기서 제대로 다시 배웁니다. 비록 스노보드로는 성공하지 못했지만 그에게는 다른 길이 있었습니다. 동양인 최초 최연소로 라스베이거스 호텔에 일식 총 주방장이 되었습니다.

염려와 절망에서 주님이 몇 가지의 소망을 주십니다. 염려를 이겨낼 수 있는 능력도 피할 길도 주십니다. 해결할 길도 주십니다. 때로는 주님이 초자연적인 능력으로 우리의 문제를 완벽하게 바꾸실 때도 있습니다. 하나님은 지금도 염려와 절망을 물리치길 원하시고 치료하길 원하십니다. 우리가 강하게 되길 원하십니다. 진정으로 행복하길 원하십니다. 지금의 삶에서 낙심보다는 주님에게 맡기고 창공을 향하여 어렵지만 발을 떼야 합니다.

염려는 '메림나'라는 말입니다. '자기 자신의 목을 자신이 조른다는 것'입니다. 자신을 죽이는 것입니다. 여러분이 신앙인이냐 아니냐 판단할 수 있는 것은 사람들과 똑같은 삶의 형편에서 염려에 대해 어떤 태도를 취하느냐에 달려 있습니다. 거기에서 우리의 신앙이 드러나는 것입니다. 어떤 절망 속에서도 포기해서는 안 됩니다. 하나님이 절대로 우리를 향해 낙담하고 포기하라고 하지 않습니다. 보이지 않지만 생명줄과 구원의 줄을 믿어 염려거리를 주님에게 맡기고 창공을 향하여 번지점프를 해야 합니다. 주님은 우리를 사랑하십니다. 그리고 잘 알고 계십니다. 귀한 말씀이 우리의 심비(心碑)에 새겨져서 창공을 향하여 번지점프를 하는 용기 있는 그리스도인이 되시고 파이팅하시기 바랍니다.

3. 찬양과 함께 우리의 염려를 주님에게 맡깁시다.

"괴로울 때 주님의 얼굴 보라"라는 찬양을 함께 부르시기 바랍니다.

하늘의 법칙 11

메트레오를 치웁시다

✣ 〈마태복음〉 7장 1~6절

1 비판을 받지 아니하려거든 비판하지 말라 2 너희가 비판하는 그 비판으로 너희가 비판을 받을 것이요
너희가 헤아리는 그 헤아림으로 너희가 헤아림을 받을 것이니라 3 어찌하여 형제의 눈 속에 있는 티는 보
고 네 눈 속에 있는 들보는 깨닫지 못하느냐 4 보라 네 눈 속에 들보가 있는데 어찌하여 형제에게 말하기
를 나로 네 눈 속에 있는 티를 빼게 하라 하겠느냐 5 외식하는 자여 먼저 네 눈 속에서 들보를 빼어라 그 후
에야 밝히 보고 형제의 눈 속에서 티를 빼리라 6 거룩한 것을 개에게 주지 말며 너희 진주를 돼지 앞에 던
지지 말라 그들이 그것을 발로 밟고 돌이켜 너희를 찢어 상하게 할까 염려하라

세상 돌아보기

• 나눔을 위한 20가지 질문

두 명씩 짝을 이루어 서로 질문해 봅시다. 한 사람씩 20개의 질문을 하며 서로 알아가는 시간을 가집니다.

	질 문	대 답
1	당신이 가장 좋아하는 음식은? (먹어본 최고의 요리는?)	
2	이번주 최고 좋았던 일, 또는 최악의 일은?	
3	당신 집에서 당신이 가장 좋아하는 공간은?	
4	당신이 집에서 즐겁게 할 수 있는 일, 하나를 말한다면?	

5	십 대 때 즐기던 취미는?
6	당신의 첫 번째 직업은?
7	당신이 경험한 최고의 태풍이나 천재지변은?
8	당신의 별명은? 왜?
9	교회생활 중 가장 재미있었던 일은?
10	비오는 날 당신이 가장 좋아하는 일이 있다면?
11	당신이 가장 아끼는 소유물은?
12	가장 좋아하는 옷은?
13	내가 만든 또는 먹어본 음식 중 가장 실패작은?
14	첫 미팅, 맞선 때를 기억하십니까? 어땠습니까?
15	이사하거나 집안 장식하던 때 가장 마음에 안 들었던 기억은?
16	꺼림칙하고 마음에 안 드는 이웃이 동네에 살고 있나요?
17	사는 동네에서 마음에 드는 것은?
18	당신이 가장 좋아하는 동물은?
19	십 대 때 친구들과 자주 가던 곳은?
20	처음 돈을 벌어서 구입한 것은?

주님 알아가기

2012년 10월경 대한민국을 떠들썩하게 한 뉴스가 있었습니다. 최전방에서 북한군 병사가 귀순해 온 사건입니다. CCTV는 작동이 되지 않았고, 귀순한 병사는 대한민국 영역에 들어와 국군 막사를 두드렸습니다. 문제는 아무도 보지 못했고 듣지 못했다는 것입니다. 뉴스로 소식을 들은 국민들은 허술한 국방에 분노를 감출 수 없었습니다. 신세대 병사들의 군인정신과 군 지휘 체계에 많은 문제가 있음을 보여 주는 사건이었습니다.

하지만 우리는 조금 다른 측면으로 생각해 볼 필요가 있습니다. 사실 전방에서 근무하는 병사들이 경계 근무를 마치고 돌아와 숙소에서 잠을 자면 밖에서 누가 두드려도 전혀 들리지가 않는다는 것입니다. 그러한 사실을 모르는 사람들은 나라를 지켜야 할 병사들이 근무는 서지 않고 잠만 잔다고 손가락질하고, 자기의 임무에 충실하지 않다고 섣부른 판단을 해 버립니다. 물론 이러한 지적과 판단으로 인해 국방을 더욱 튼튼히 하는 기회가 될 수도 있겠지만, 개인의 일방적인 판단으로 젊은 청년들의 목에 정죄의 칼날을 갖다대는 것은 한번 생각해 볼 필요가 있다는 것입니다.

상대방의 신발을 신어보기 전에는 우리가 할 수 있는 섣부른 판단을 보류해야 합니다. 더 나아가서 상대방의 형편을 100% 알거나 상황을 모두 들어보기 전에는 함부로 판단해서는 안 됩니다.

1. 우리는 사람들의 겉모습이나 행동을 보고 쉽게 판단합니다.

① 그리스도인다운 삶을 살기 원한다면 비판하는 태도를 버려야 합니다.

Q 〈야고보서〉 4장 11절 말씀을 기록해 보세요.

우리는 쉽게 사람들의 겉모습이나 행동을 보고 그 사람에 대해 판단을 할 때가 있습니다. 그러다가 그 판단이 성급한 판단이었다는 것을 알게 되면 우리의 시각과 감정이 달라지기도 합니다.

예수님은 그리스도인이 그리스도인다운 삶을 살기를 원하고 계십니다. 그렇다면 버려야 할 태도가 있는데, 그 중 하나가 비판하지 말라고 하는 말씀입니다. 주님은 비판하고 정죄하는 자들을 향하여 어느 정도 강한 어조로 말씀하십니다. 본문 5절 말씀에 보면 "외식하는 자여"라고 강하게 말씀하십니다. 우리를 향하여 "너희들이 연극하는 자와 같고, 외식하는 바리새인과 같음에도 남을 비판하고 정죄하느냐?"라는 투의 강한 어조입니다. 바꾸어 말하면 우리의 가정 안에서, 교회 가운데서, 사회생활 속에서 다른 사람을 비방하고 비판한다면 우리의 겉모습은 여전히 그리스도인이지만 바리새인과 같은 길을 가고 있다는 것입니다.

② 하나님은 우리가 형제를 비판하는 모습을 원하지 않으십니다.

Q 〈로마서〉 14장 10절 말씀을 기록해 보세요.

그렇다고 비판에 대한 잘못된 생각을 하라는 것은 아닙니다. 무조건 죄를 덮어 두고, 선악을 분별하지 말고, 평가하지도 말고, 심사하지도 말라는 이야기는 결코 아닙니다.

비판은 용서와 반대되는 개념입니다. 비판하고 정죄한다는 것은 참된 교정과 사랑의 의미가 없이 일방적으로 비난하고 형제의 약점이나 허물을 들추어 험담하기도 하며 남을 향하여 강하게 손가락질하는 것들을 가리킵니다. 더 중요한 사실은 우리 모든 성도가 그런 비판을 너무 쉽게 생각한다는 것입니다. "살인하지 말라. 간음하지 말라. 도적질 하지 말라."와 같은 명쾌한 율법적인 것에 대해서는 다른 태도를 취합니다. 도적질하면 거기에 따른 찔림이 있고, 분명히 죄라고 생각하기 때문에 회개하려고 노력합니다. 그러나 내가 남을 향하여 비난했던 말 한마디, 비판하고 정죄했던 것은 "하나님 잘못했습니다."라고 가슴을 치며 통회하지 않습니다. 아예 죄를 지었다고 인식하는 모습을 찾아 볼 수도 없습니다. 예수님은 우리가 바리새인과 같은 모습이길 원하지 않으십니다. 형제를 향해 비판하기를 원하지 않으십니다.

② 비판하지 말라고 하는 주님의 말씀은 이웃을 사랑하라는 의미입니다.

Q 〈로마서〉 14장 21절 말씀을 기록해 보세요.

주님이 'Do not'이라고 하는 '하지 말라'는 계명을 주실 때 그 반대로 생각하면 정답입니다. "살인하지 말라"고 하는 뜻은 오히려 "이웃을 사랑하라"는 계명입니다. "이웃의 것을 도적질하지 말라"고 하는 계명 속에는 "네가 이웃에 대해서 나누고 베풀며 살라"는 의미가 있습니다. "이웃을 향하여 비판하거나 정죄하지 말라"고 하는 것은 "이웃에게 관용해라. 이웃을 사랑하며 살라"고 하는 주님의 간곡한 반어법인 것입니다.

주님 바라보기

다음은 〈리더스 다이제스트〉라는 책에 나오는 실화입니다. 미국 중부의 탐슨이라고 하는 여자 선생님이 있었습니다. 아름다운 가정을 꾸리고 있었으며, 성실하고, 학생들을 아주 사랑하고, 신실한 그리스도인이었습니다. 그녀가 초등학교 5학년 담임을 맡아 아이들을 가르칠 때의 일이었습니다. 늘 그랬듯이 반 아이를 모두 사랑했습니다. 그런데 유독 한 아이가 마음에 내키지 않았던 것입니다. 그 아이는 테디 스톨라드라는 여자아이였습니다. 그 아이는 언제나 말이 없고 우울했습니다. 수업시간에도 집중하지 않고, 성적도 좋지 않습니다. 탐슨은 그 아이를 늘 비판적으로 보고, 좋게 생각하지 않았습니다. 아이만 보면 왠지 기분이 나쁘고, 마음이 편하지 않았습니다.

그러던 중 크리스마스가 되었습니다. 미국은 크리스마스가 되면 학생들이 선생님에게 카드를 쓰고, 아주 작은 선물도 하나 준비합니다. 아이들이 예쁜 카드도 쓰고, 나름대로 준비한 작은 선물을 선생님에게 주었습니다. 테디라는 아이도 카드와 선물을 가지고 왔습니다. 허름한 포장지에다 지저분하게 테이프가 붙어 있는 볼품없는 선물이었습니다. 받고 싶은 마음이 들지 않았습니다. 모든 학생이 보고 있는 상황이라 탐슨 선생님은 어쩔 수 없이 그 선물을 받아들었습니다. 포장지를 뜯고 선물을 꺼냈습니다. 가짜 보석이 박힌 낡은 브로치였습니다. 그것도 보석이 군데군데 떨어져 있었습니다. 그리고 쓰다 남은 향수도 하나 있었습니다. 아이들이 낄낄대며 웃습니다. 선생님도 화가 나서 선물을 옆으로 밀쳐 버렸습니다. 카드도 읽지 않은 채 가방에 쑤셔 넣었습니다. 매우 불쾌했습니다. 탐슨은 집에 와서 있었던 일을 생각하게 됩니다. '도대체 이 아이는 어떤 아이길래 이렇게 형편없을까?' 아이의 생활기록부를 보았습니다. 학년마다 아이에 대한 평가가 있었습니다.

'1학년, 태도가 좋고, 성실함. 그러나 가정 형편이 어려움.' '2학년, 가능성이 많은 아이 임. 그러나 엄마가 아파서 많이 힘들어 함.' '3학년, 성품은 좋으나 너무 우울함. 원인은 아픈 어머니가 얼마 전 돌아가심.' '4학년, 더디지만 공부에 재능이 있음. 아버지로부터 전혀 돌봄을 받지 못함.'

탐슨은 점점 아이의 마음을 이해하게 됩니다. 오늘 받은 카드도 꺼내 읽었습니다. "선생님! 선생님을 보면 우리 어머니 생각이 납니다. 어머니는 아주 예쁘셨어요. 브로치는 어머니가 제게 남겨 주신 유일한 물건이예요. 그리고 향수도 어머니가 쓰시던 향수예요. 선생님에게서 어머니의 냄새가 나면 좋겠어요. 저는 날마다 선생님을 통해 어머니의 모습을 보고 싶어요."

탐슨은 낡은 브로치를 잡고 엉엉 울었습니다. 겉모습만 보고 테디를 판단하고 비판했던 자신의 모습이 너무 원망스러웠습니다. 하나님 앞에 그리스도인이라는 것이 부끄러웠습니다. 그리고 그녀는 주님 앞에 회개합니다. '하나님 내 안에 예수님의 참사랑이 없었습니다. 나는 남을 겉만 보고 비판했습니다. 특별히 자라나는 어린아이를 비판하고, 미워했습니다. 그 아이를 향하여 죄를 지었습니다. 주님 용서해 주세요.' 그날 이후로 탐슨 선생님은 완전히 다른 사람이 되었습니다.

다음 날 출근길이었습니다. 그녀의 가슴에는 알 빠진 브로치가 달려 있었고, 테디가 준 향수를 뿌렸습니다. 테디는 놀라움을 감출 수 없었습니다. 그녀의 사랑으로 테디도 점점 좋아졌습니다. 졸업을 하고, 오랜 세월이 지난 후 편지가 한 통 왔습니다. 테디였습니다.

"선생님, 고등학교 졸업했어요. 축하해 주세요. 전교 2등으로 졸업했어요. 모두 선생님 덕분이예요."

또 세월이 흘렀습니다. 그리고 편지가 왔습니다. 테디였습니다.

"선생님, 대학을 1등으로 졸업했습니다. 모두가 선생님의 은혜예요."

그리고 몇 년이 지난 후 또 테디에게 편지가 왔습니다.

"선생님 제가 전문의가 되었어요. 그리고 이제 결혼하게 되었어요. 꼭 와 주세요. 작년에 아버지가 돌아가셔서 저에게는 아무도 남아 있지 않아요. 제 어머니의 자리에 선생님이 앉아 주세요."

탐슨 선생님은 테디 스톨라드의 결혼식에 참석합니다. 물론 알이 다 빠진 브로치를 가슴에 달고, 어머니의 자리에 앉아 있었습니다.

1. 사람들이 남을 판단하고 비판하고 정죄하는 이유

① 비판이나 정죄가 사람을 바꿀 수 있다는 생각 때문입니다.

Q 〈로마서〉 14장 4절 말씀을 기록해 보세요.

크게 야단치고, 비판하고, 정죄하면 '저 사람이 고쳐지겠지'라고 생각하는 것입니다. 절대로 고쳐지지 않습니다. 비판이나 정죄는 사람을 고치는 힘이 없습니다. 물론 자기 자신을 돌아보고 고치는 사람도 없지는 않습니다만 정말 극소수입니다. 오히려 대다수는 정죄를 당하고, 비판당할 때 심한 죄책감을 느끼고, 상처를 받게 됩니다.

C. S. 루이스의 책에 보면, 아이를 키우는 부모가 아이보다 훨씬 더 심각한 문제를 가지고 있다고 합니다. 모든 부모는 아이가 잘 되길 바랍니다. 따라서 아이에게 아주 강력하게 정죄하고, 실수를 지적하고, 문제에 대해서 야단을 칩니다. 부모로부터 그런 정죄와 야단을 받은 아이들은 어떨까요? 바꾸고 고치려는 생각보다는 더 큰 상처를 받는다는 것입니다.
예를 들면 식사 중에 밥을 흘리는 아이가 있다고 가정합시다. 대다수의 부모님은 마구 야단을 칩니다. "왜 그렇게 밥을 흘리니? 몇 번을 말해야 고치겠어? 어휴! 어떻게 너희 아버지와 그렇게 똑같이 행동하니? 정말 속상하구나!" 아이의 마음에는 잘못된 두 가지가 생각이 자리를 잡습니다.
하나는 아버지에 대한 존경심이 사라집니다. 또 다른 하나는 '아버지와 내가 똑같이 구제불능이다.'라는 생각입니다. 결국 바꾸고 고쳐야겠다는 생각보다는 자신에게 있는 문제로 인해 죄책감으로 더 힘들어 한다는 것입니다. 비록 작은 예지만, 우리는 비판하고 정죄하면 타인이 고쳐질 것이라는 착각에 빠져 있다는 사실을 기억해야 합니다.

② 자기 과시를 위해 비판하기도 합니다.

Q 〈로마서〉 14장 1절 말씀을 기록해 보세요.

다른 사람의 실패나 잘못을 지적하면 오히려 내 탁월함이 드러난다고 생각하는 것입니다. "너 이것 잘 못했어!"라는 문장 속에는 "나는 그렇지 않은데 너는 왜 그러니?" 말을 내포하고 있다는 것입니다.

동일한 실수를 범하는 대표적인 부류가 바리새인들입니다. 그들은 자신들이 십일조하는 것을 자랑하기를 좋아했습니다. 그래서 십일조를 하지 못하는 가난하고 부족한 사람들을 향해 칼 같은 비판을 합니다. "야! 네가 하나님의 백성이라고 하면서 십일조도 하지 않는다는 말이야? 너 같은 인간은 하나님의 백성도 아니야! 어떻게 하나님 것을 도적질할 수가 있어!"

정죄의 칼날을 마구 갖다댑니다. 심지어 마음에도 없는 구제를 하면서 구제하지 못하는 사람들을 비난하고, 빈정거리고, 자신들의 구제를 자랑합니다. 더 나아가 구제를 받아야 될 가난하고 불쌍한 사람들을 무시합니다. 하나님의 백성이라면 구제하고 살아야지 어떻게 구제를 받고 사느냐는 것입니다. 주님은 이런 바리새인들의 모습을 혐오할 만큼 싫어하셨습니다.

우리 모두는 나 자신을 과시하기 위하여서 남을 비판하는 일이 없어야 됩니다. 절대로 우리의 잣대로 남을 바라보아서는 안 됩니다. 정상적인 그리스도인이라면, 정말 드리고 싶어도 못 드리는 것이 정상입니다. 계획적으로 드리지 않는 사람은 없습니다. 분명히 피치 못할 사정이 있다는 것입니다. 좀 더 심한 이야기로 우리는 철저하게 주일을 지켜야 합니다. 그렇지만 생명을 포기해야 할 만큼 중요한 사안이 있거나 다른 대안이 없을 경우가 생길 수도 있습니다. 국가를 지키기 위한 문제나 말할 수 없는 사정 때문에 주일을 지키지 못하는 경우도 있다는 것입니다. 어쩔 수 없이 오후예배나 새벽예배를 드릴 수밖에 없습니다. 그런 사람을 어떻게 비판할 수 있겠냐는 것입니다. 그 사람의 입장을 조금도 생각하지 않고 자기의 잣대를 가지고서 비난합니다. "어떻게 직분자가 주일도 지키지 않느냐? 직분자가 그게 무슨 모양이냐?"

진지하게 우리의 삶을 돌아봐야 합니다. 그 사람을 고치기를 원하는 모습보다 내 의에 빠져 있지는 않은지 말입니다. "나는 십일조 생활도 잘하고 나는 감사 생활도 잘하고 나는 주일도 잘 지키고 나는 구제도 하고 나는 이것도 하고 저것도 하고 나는 이정도 하는데 당신은 무엇을 했습니까?"라고 자기 자신을 드러내려는 과시는 아닌지 말입니다.

③ 자신의 약점이나 죄, 또는 콤플렉스를 감추려고 비판하고 정죄하기도 합니다.

Q 〈마태복음〉 7장 1~2절 말씀을 기록해 보세요.

남을 비판하는 그것으로 자기도 비판을 받는다는 이야기입니다. 어느 부분은 자신에게 있는 핸디캡이나 콤플렉스 때문에 더 민감하게 반응합니다. 자신에게 있는 약한 부분이나 죄를 감추기 위해 남을 정죄하는 경우인 것입니다.

남의 외모에 대해서 늘 빈정거리고 비판하는 사람은 자기 외모에 문제가 있어서 그렇습니다. 잘 생긴 사람은 절대 남의 외모에 대해서 이야기하지 않습니다. 꼭 못생긴 사람이 남의 외모를 가지고 이야기합니다. 본인은 들창코에 찢어진 눈이면서, 다른 사람을 향해 비난합니다. "저 여자는 분명히 쌍꺼풀 수술을 했을 거야! 저 코도 분명히 보형물을 삽입했을 거야!" 자기의 외모에 대해 자신감이 없다는 증거입니다. 자기에게 있는 핸디캡을 감추기 위해 남의 핸디캡을 더 크게 부풀려 지적하고 손가락질을 하는 것입니다. 은밀한 중에 지은 자신의 죄를 감추려고 타인의 약점을 발견해서 혹독하게 비판하는 것입니다.

2. '비판한다'는 의미

① 비판은 자신만의 눈금자입니다.

Q 〈마태복음〉 7장 2절 말씀을 기록해 보세요.

여기에서 '헤아림'이란 단어의 헬라어는 '메트레오'라는 단어입니다. 이것은 '눈금이 새겨진 자'를 말합니다. 즉, 수치를 측정하는 눈금자인 '메트레오'로 남을 판단하면 너도 동일한 '메트레오'라는 눈금자로 판단을 받을 것이라는 말씀입니다. 남을 비판하거나 비난하고 정죄할 때는 공통된 정확한 기준의 '메트레오'를 가지고 판단해야 합니다. 그러나 대부분의 사람은 자기 기준의 '메트레오'로 남을 판단하는 것이 문제입니다. "내 기준에 보니까 당신은 이런 부분이 잘못 되었어! 내 기준에 보니까 당신은 이런 부분이 이상해! 내 기준에 보니까 당신은 엄청나게 큰 죄를 지었어!"

본문에서 '내 기준'이라는 말을 직접적으로 기록하지 않고 있지만 문맥상 자기만의 '메트레오'를 가지고 타인을 판단하는 모습이 보여집니다. 나 자신만의 눈금자인 것입니다. 그 기준에 들지 않으면 아무것도 용납이 되지 않습니다. 분명한 사실은 하나님은 우리가 이런 '메트레오'를 버리기를 원하신다는 것입니다. 만약 하나님이 우리의 인생에 하나님의 '메트레오'를 갖다 대면 그 안에 들어 갈 사람이 누가 있을까요? 모두가 문제 있고, 그 기준을 충족시킬 수 없을 것입니다. 너무나도 당연한 이야기입니다. 따라서 우리도 그런 자신만의 '메트레오'를 버려야 합니다.

② 비판은 자신의 기준으로 남을 평가하는 것입니다.

Q 〈고린도전서〉 12장 24~25절 말씀을 기록해 보세요.

우리가 가진 '메트레오'는 가능한 빨리 버려야 합니다. 삶에 참 평안과 자유함, 행복, 사랑을 느낄 수 있습니다. 부부간에도, 자녀와 부모의 관계 속에서도, 이웃과의 관계 속에서도, 성도의 관계 속에서도, 목회자와 성도와의 관계에도 모두 해당됩니다. 목회자도 성도들을 바라볼 때 '메트레오'를 버려야 합니다. 누구나 다 장단점이 있고, 누구나 다 문제는 있을 수 있고, 누구나 다 차이점은 있습니다. 만약 목회자가 "이런 성도는 이래서 좋고, 저 성도는 저래서 싫다."라고 한다면 목회자라 불릴 자격이 없습니다. 우리는 하나님 앞에 모두 존귀한 사람들입니다.

성도도 마찬가지입니다. 성도도 목회자를 향한'메트레오'를 버려야 합니다. 수많은 성도의 마음을 목회자가 다 맞출 수 없습니다. 오히려 성도가 목회자에게 맞추는 것이 올바른 모습입니다. 어떤 성도는 목회자의 외모를 판단하고, 손가락질한다고 합니다. 자기는 늘 단정하게 다니니까 목회자 머리가 조금만 흐트러져도 손가락질합니다. "목회자가 머리를 단정하게 하지 못하고 저게 무슨 꼴이람?" 자기의 '메트레오'에 맞지 않다는 것입니다. 또 다른 분은 목회자가 깔끔하고 단정하게 다니면 이렇게 말합니다. "우리 목사님은 너무 뺀질거리게 보여." 참 어디에 맞추어야 할지 난감합니다. 뚱뚱하면 기도는 안하고 먹기만 탐해서 그렇다, 마르면 말라서 보기 싫다, 공부를 많이 하면 공부만 한다, 또 안 하면 너무 안 한다. 젊으면 젊다. 나이가 많으면 많다. 하나님도 아무 말씀하지 않으시는데 성도들이 목회자를 이렇게 판단하고 있다는 것입니다. 그냥 자신의 기준과 눈금자에 맞지 않으면 모든 것이 비판의 대상이 되는 것입니다.

3. 비판하지 말아야 할 이유

① 우리는 남을 비판할 자격이 없는 사람들이기 때문입니다.

Q 〈마태복음〉 7장 4절 말씀을 기록해 보세요.

남을 비판하는 자신의 '메트레오'를 본인에게 갖다댄다면 어떨까요? 본인도 똑같습니다. 이 세상에 다른 사람을 비판하고 비난할 만큼 깨끗한 사람은 아무도 없습니다. 이미 우리 모두는 원죄와 추악한 자범죄로 붉게 물들어 있습니다. 우리의 생각으로는 "큰 죄인이다. 문제가 있다."라고 생각하지만 하나님 보시기에는 모두 도토리 키 재기입니다.

사도 바울조차도 〈디모데전서〉 1장 15절 말씀에 자기 자신을 향하여 "죄인 중에 내가 괴수니라."라고 말합니다. 어떻게 감히 남들에게 '메트레오'를 댈 수 있겠습니까? 우리 자신은 이미 의롭다 함을 얻을 자격이 없었습니다.

그러나 예수 그리스도의 십자가의 은혜로 죄사함 받고 의롭게 되었습니다. 오직 그리스도의 은혜였습니다. 우리의 공로는 전혀 없습니다. 따라서 결코 남을 비판하거나 정죄할 만한 아무런 조건도 우리에게는 없다는 것입니다. 본문에서도 내 눈 속에는 들보가 있는데 어찌하여 형제의 눈에 있는 티를 빼라고 이야기하겠느냐는 말씀입니다. 정말 우리는 남을 비판할 어떤 자격도 없는 존재라는 사실입니다.

② 우리는 모두 한 형제요, 한 가족이기 때문입니다.

Q 〈로마서〉 12장 10절 말씀을 기록해 보세요.

우리는 예수님 안에 한 가족입니다. 적어도 가족끼리는 비방하지 않습니다. 물론 가족들도 때로는 다투고 싸우기도 합니다. 여러 가지 섭섭한 것이 있을 수도 있습니다. 크고 작은 문제가 발생할 수도 있습니다. 그러나 진정한 가족이라면 남들 앞에서나 사람들 앞에서 비난하고 정죄하지 않습니다. 만약 아내가 버릇처럼 남편을 비방한다면 그것은 자기 얼굴에 침을 뱉는 것과 똑같은 것입니다. 가족은 비판하거나 비난할 관계가 아니라 축복하며 사랑해야 할 관계인 것입니다.

하나님도 우리 모두를 향해 "너희들은 주 안에서 하나라."고 말씀하셨습니다. 우리는 예수 안에 정말 형제요 한 가족입니다. 그렇기에 비판하고 정죄할 이유가 없다는 것입니다. 만약 우리가 형제를 판단하고 비방한다면 하나님도 동일한 잣대로 우리의 죄를 없다고 하지 않으실 것입니다.

③ 잘못된 비난과 비판은 하나님의 주권을 침해하는 행동이기 때문입니다.

Q 〈야고보서〉 4장 12절 말씀을 기록해 보세요.

이 말씀은 이렇습니다. "야! 세상의 법을 만든 사람이 누구야? 그것을 재판할 자가 누구야? 오직 나 하나야! 그런데 누가 감히 남을 향하여 비판하고 정죄해?" 말씀의 톤이 상당히 높다는 것을 알 수 있습니다. 남을 비방하고 판단할 때 우리는 인간이 아닌 하나님의 자리에 앉으려는 큰 과오를 범하게 됩니다.

④ 우리가 비판하는 대로 하나님의 비판과 평가를 받기 때문입니다.

Q 〈마태복음〉 7장 1~2절 말씀을 기록해 보세요.

인생은 부메랑과 같습니다. 던진 것이 그대로 돌아옵니다. 심는대로 거두는 것이 하나님의 진리입니다. 부메랑과 같은 우리 인생을 말합니다. 남을 비판하려고 바라보고 잣대를 갖다댈 시간이 없습니다. 자신을 바라보기도 바쁩니다.

내가 나 자신의 부족함과 하나님 앞에서 얼마나 큰 죄인인가를 알고 있기 때문에 자신을 돌아보기도 바쁘다는 것입니다. 당연히 다른 사람을 정죄하고 판단할 여유가 없다는 이야기입니다. 많은 것을 깨닫게 합니다. 우리도 언젠가 주님 앞에 서서 우리의 생각과 말과 행동에 대해서 심판받고 점검받을 날이 있을 것입니다.

헛된 이 땅의 삶을 접어놓고 주님 앞에 갔을 때 우리가 했던 행동과 생각들은 주님 앞에 반드시 심판을 받을 것입니다. 물론 예수 그리스도의 보혈의 피로 말미암아 공로 없고, 죄 많은 우리가 천국 백성이 되었지만, 이 땅에서 어떻게 살았느냐에 대해서 상급을 주시기 위한 주님의 심판의 시간이 있다는 것입니다. 이것은 저주와 멸망의 심판이 아니라 상급을 위한 심판의 시간입니다.

미국의 텍사스 주립대 의과대학 심장 전문의였던 닥터 스미스라는 분의 이야기가 있습니다. 그 분은 갑작스런 심장마비로 사망하게 됩니다. 동료 의사와 제자들이 살리기 위해 열심히 노력했지만, 심장은 멈추어 버렸습니다. 심장이 멈춘 닥터 스미스는 정말 놀라운 체험을 하게 됩니다. 심장이 멎어 죽는 순간부터 자신의 육체로부터 분리되어 자신을 바라보게 됩니다. 당황해 하는 동료 의사들과 한 사람의 죽음을 맞이하는 모든 사람을 보게 됩니다. 그 다음 그는 깊은 어둠의 터널로 한참 빨려 들어가는 경험을 합니다. 얼마가 지났을까 밝고 환한 빛 앞에 서게 됩니다. 그곳은 자기 삶을 돌아보는 심판대라는 사실을 직감적으로 깨닫게 됩니다. 지나간 과거가 순식간에 필름처럼 스쳐가고, 의식적이든 무의식적이든 알 수는 없지만 가족이나 타인들에게 상처를 주었던 일들이 보여졌습니다.

"아! 내가 저렇게 했었구나! 내가 저런 말을 했구나! 내 인생이 저랬었구나!"

그때에 한 음성이 들립니다. 똑같은 말이 세 번 반복해서 들렸습니다.

"네 말로 다른 사람에게 얼마나 상처를 주었나? 네 말로 다른 사람에게 얼마나 상처를 주었나? 네 말로 다른 사람에게 얼마나 상처를 주었나?"

그러고 다시 음성이 들립니다.

"한 번 더 기회를 줄 테니, 좋은 말을 하며 살아 보아라."

그때 그는 잠을 잔 것처럼 다시 깨어납니다. 멎었던 심장이 뛰고 혈색이 돌아오고 다시 살아난 것입니다. 그 이후로 그는 7년 안식년 휴가를 가지고 전 세계에 다니며 강연을 하였습니다. 우리나라에도 와서 14번에 걸친 강연을 했습니다. 강연의 제목은 '주님의 마지막 질문, 네 말로 다른 사람들에게 얼마나 상처를 주었나?'였습니다.

우리의 가정에서 또는 주변 이웃이나 성도의 관계 속에서 나의 말 한마디 때문에 상처를 준 기억은 없습니까? 그렇게 할 자격이 없음에도 남을 비판하고 정죄하며 부끄러운 언행을 일삼지는 않았나 생각해 보아야 합니다.

비판을 버리고 사랑으로 우리의 삶을 바꿉시다. 하나님이 기뻐하실 것입니다. 지금까지 경험하지 못한 주님이 주시는 행복이 우리의 심령에 찾아올 것입니다. 내 자신부터 우리의 삶에 '메트레오'를 버리시기 바랍니다. 그 자리에 주님이 주시는 사랑의 마음이 가득 채워질 것입니다.

주님과 동행하기

1. 조금 더 사랑합시다.

Q 〈마태복음〉 12장 36~37절 말씀을 기록해 보세요.

지금까지 보면 비판하지 말고, 판단하지 말라는 말씀이 전부인 것처럼 느껴집니다. 그러나 거기에 머물지 않습니다. 참 그리스도인이며, 그리스도의 참 제자라면 좀 더 관대해질 필요가 있고, 사랑하며 살 필요가 있다는 주님의 반어법적인 표현이라는 것입니다.

사람들 중 더러는 세월이 갈수록 더 신경질적으로 변하는 분들을 보게 됩니다. 나이가 들면 들수록 우리의 눈은 흠과 티를 보는 데 매의 눈이 되어 버립니다. 하나님이 우리에게 주신 눈은 다른 사람의 아픔을 보고, 사랑하고, 관용을 베풀기 위해 사용되어야 합니다. 그러나 나이가 들고, 신앙의 연수가 깊어지면 깊어질수록 남의 약점을 보게 됩니다. 흠을 보고, 티를 봅니다. 젊었을 때는 보이지 않던 흠들이 너무 잘 보입니다.

주님은 우리를 향하여 연륜이 쌓일수록 순수하게 사랑하며 살라고 말씀합니다. 네가 가진 '메트레오'를 점점 무뎌지게 하고 말씀 앞에 내려놓으라는 것입니다.

2. 바르지 않은 시선을 돌이킵시다.

Q 〈마태복음〉 7장 6절 말씀을 기록해 보세요.

개와 돼지는 당시 비판을 일삼고, 문제에 대해 지적만 하던 위선자와 바리새인들을 상징합니다. 또한 거룩한 것과 진주는 천국 복음과 진리의 말씀을 상징합니다. 결국 성도에게 해를 가하는 위선자들에게는 천국 복음과 진리를 차라리 말하지 않는 것이 낫다는 이야기입니다. 바리새인들은 하나님의 진리의 말씀을 자기 이익과 수단으로 변질시키는 무리입니다. 진리를 함부로 대하고 변질시키며, 그것을 잘못 적용하고 하니까 진리일지라도 말하지 않는 편이 더 좋겠다는 주님의 말씀인 것입니다. 악용의 소지가 있는 자들에게 날개를 달아 줄 필요가 없다는 것입니다.

우리의 인생에 바르지 않은 눈을 돌이켜야 합니다. 우리의 '메트레오'를 치워야 합니다. 주님은 오늘도 우리가 어떤 눈으로 살아가는가를 바라보고 계십니다. 나의 눈은 사랑의 눈인가? 용서와 관용의 따뜻한 눈인가? 참된 그리스도인으로 이 세상을 살기를 원하는 주님의 간절한 마음일 것입니다.

3. 칭찬 릴레이

우리의 생활 속에서는 수많은 비판과 판단이 오고 갑니다. 그러나 그런 판단은 하나님이 원하시는 것이 아님을 배웠습니다. 판단하고 비판하기 보다는 서로 사랑하고 축복할 수 있어야 합니다. 이 시간에는 그룹원들을 칭찬하며 축복하는 시간을 가질 수 있었으면 좋겠습니다.

______________________를(을) 칭찬합니다.	
1	
2	
3	
4	
5	
6	
7	
8	
9	
10	
일시 : 년 월 일	이름 :

12 구하라 찾으라 두드리라

✣ 〈마태복음〉 7장 7~11절

7 구하라 그리하면 너희에게 주실 것이요 찾으라 그리하면 찾아낼 것이요 문을 두드리라 그리하면 너희
에게 열릴 것이니 8 구하는 이마다 받을 것이요 찾는 이는 찾아낼 것이요 두드리는 이에게는 열릴 것이니
라 9 너희 중에 누가 아들이 떡을 달라 하는데 돌을 주며 10 생선을 달라 하는데 뱀을 줄 사람이 있겠느냐
11 너희가 악한 자라도 좋은 것으로 자식에게 줄 줄 알거든 하물며 하늘에 계신 너희 아버지께서 구하는
자에게 좋은 것으로 주시지 않겠느냐

세상 돌아보기

• 바이블 스도쿠

모든 가로 9칸, 세로 9칸에 "구하고, 찾고, 두드리라"라는 문장의 글자가 한 자씩 들어갑니다. 그리고 굵은 테두리의 3X3의 블록 안에도 "구하고, 찾고, 두드리라"라는 문장의 글자가 한자씩 들어갑니다. 이러한 규칙을 지켜 빈 칸을 완성해 봅시다.

	고		참	구			드	
며		구	찾		라	리	두	
라		두	고	드		하		나
드			구	두				리
	하		리		고	드	구	
리		고		라	드	두		찾
하		며	드		찾		리	두
	찾	리	하		두	라		드
고		드	라	리			며	

주님 알아가기

세계 곳곳을 여행하다 보면 수많은 숙박시설을 보고, 이용하기도 합니다. 그 가운데 사람들의 눈에 가장 잘 띄는 고급 호텔이 있다면, 그것은 바로 '힐튼 호텔'일 것입니다. 세계 곳곳에 있는 힐튼 호텔의 수는 약 2,600개나 된다고 합니다. 객실만 해도 48,000개가 되고, 두 사람이 하룻밤을 지낸다고 가정했을 때에 96,000명이라는 인원을 수용할 수 있는 거대한 왕국입니다. 년 수익만 해도 한화로 5조원에 이른다고 합니다. 힐튼 호텔의 설립자인 콘래드 힐튼(Conrad Hilton)의 이야기가《기도로 꿈을 이룬 호텔 왕 힐튼》이라는 책으로 나와 있는데, 그가 그렇게 성공한 사업가가 될 수 있었던 이유에 대해 기록하고 있습니다. 그것은 어머니의 기도의 힘이었고, 자신도 역시 기도하였을 때, 하나님이 큰 은혜를 주었다고 간증하고 있습니다. 특히 책에는 '힐튼의 열 가지 성공적인 삶의 방법'을 소개하고 있습니다. 그 중 가장 첫 번째가 '매일 일관되게 열심히 기도한다.'입니다.

하루는 어머니가 힐튼에게 이런 이야기를 했다고 합니다. "얘야! 네가 기도

하는 모든 것은 하나님이 이루어 주신다고 확신해야 한단다. 네가 항상 신발을 신고 다니듯이 습관처럼 기도해야 해. 기도만이 너의 인생을 성공시킬 수 있단다."

이렇게 강조하며 동생들에게도 꼭 그렇게 전하기를 당부했다고 합니다. 그리고 마지막으로 이렇게 이야기했습니다.

"사랑하는 아들아, 인생을 살다 보면 때로 심각한 문제를 만나게 될 거야. 그때에 너는 자신의 경험이나 능력이나 기술을 의지하면 안 된단다. 네가 의지할 수 있는 존재는 살아 계신 하나님 밖에 없음을 믿어야 해. 그분에게 기도하는 것만이 살 길이란다."

힐튼의 어머니는 늘 이런 이야기를 하면서 자녀들을 양육했다고 합니다. 자녀들은 어머니의 기도 훈련이 몸과 머리와 마음으로 체득될 수밖에 없었던 것입니다.

특히 책 내용 중에 힐튼이 사업 중에 많은 소송과 문제에 휘말렸던 일화를 소개하고 있습니다. 그럴 때마다 그는 어머니의 말을 생각하고 하나님에게 기도했다고 합니다. 그는 매일 새벽 6시 30분에 시간을 정해 놓고 기도했습니다. 사람들이 "당신은 왜 그때 기도하십니까?"라고 질문했을 때 힐튼은 이렇게 대답했습니다.

"저는 시간이 많은 사람이 아닙니다. 너무 바쁜 일정 속에서 나의 시간조차도 장담할 수 없습니다. 만약 하루 일과 가운데 기도 시간을 가지게 된다면 다른 많은 사람이 시간의 손해를 보아야 합니다. 그래서 나 혼자만 가질 수 있는 시간을 정한 것이 매일 새벽 6시 30분입니다. 저는 그때 기도합니다."

기도는 이 땅에 살아가는 모든 그리스도인이 의지할 수 있는 가장 크고 확실한 능력입니다.

Q **〈요한복음〉 14장 14절 말씀을 기록해 보세요.**

하나님은 '구하라! 찾으라! 두드리라!'라는 세 가지 유형으로 선포하고 계십니다.

1. 랑게의 정의

① 먼저 '구한다'라고 하는 것은 심중의 소원

주로 내가 무엇이 부족할 때에 하는 기도의 태도라는 것입니다.

"하나님, 저는 건강이 부족한 사람입니다. 건강을 주세요. 하나님, 저는 사랑이 부족한 사람입니다. 사랑을 주세요. 하나님 저는 경제적으로 어려운 사람입니다. 풍요함을 주세요." 자신의 결핍을 채워 주길 바라고 구하는 기도의 모습인 것입니다.

② '찾는다'라고 하는 것은 행동으로 옮겨진 탐구

잃어버린 것을 찾는다는 의미입니다. 인생에 잃어버린 것이 있다면 그것을 찾을 때에 기도하는 내용입니다.

③ '두드린다'라고 하는 것은 주님을 만나 담판을 짓는 것

굉장히 강한 표현입니다. 닫혀있는 것을 열어 달라고 하는 간절한 호소이자 절규입니다. 어느 집 문을 쾅! 쾅! 쾅! 두드려서 열고 담판을 짓겠다는 의미입니다. 주변 이웃을 생각할 겨를이 없습니다. 안에 있는 사람을 배려할 마음도 없습니다. 그냥 마구 두드리고 소리치는 것입니다.

"하나님, 이것 꼭 들어주셔야 합니다."라고 하나님과 담판 짓듯이 금식하고 간절한 마음이 필요하다는 것입니다. 그렇게 하는 기도가 문을 두드리는 기도입니다. 이것이 랑게가 말하는 '구하라! 찾으라! 두드리라!'는 기도의 모습입니다.

주님 바라보기

잭 하일스 목사의《기도 탐구》라는 유명한 책이 있습니다. 잭 하일스 목사는 지금도 큰 목회를 하시며 세계적으로 아주 큰 영향력을 끼치는 사람입니다. 그렇다고 그 분의 출신이 좋다거나 삶이 훌륭했던 것은 아닙니다. 오히려 문제가 많은 불우한 집안에서 자랐습니다. 말할 수 없을 만큼 가난했습니다. 그러나 그는 기도하는 집안이라는 엄청난 유산이 있었습니다. 그는 수많은 크고 작은 기도의 응답을 봤는데, 그렇게 응답될 수 있었던 이유는 어떤 문제 앞에서도 기도하지 않고 그냥 행하는 경우가 없었다는 것입니다. 기도 응답을 체험해 보았기 때문입니다.

이런 사연이 있습니다. 그가 고등학교를 졸업할 때였는데, 가정이 너무 가난했다고 합니다. 당시 졸업생은 특별한 옷을 입어야 했습니다. 남자는 양복을 입고, 여자는 하얀 드레스를 입어야 했던 것입니다. 미국은 주로 저녁에 졸업식을 했습니다. 목사님은 아침 일찍 일어나 설레는 마음으로 졸업식 준비를 하였습니다. 그런데 어머니로부터 '청천벽력' 같은 말을 듣습니다. "얘야, 정말 미안하게 됐구나. 네가 졸업식에 참석하려면 양복을 입어야 하는데 양복을 살 돈이 없단다. 우리 집에는 지금 먹을 것 도 없단다. 미안하지만 졸업식에는 갈 수 없겠구나."

다 큰 어른이었다면 이해했겠지만, 고등학생의 마음에는 큰 상처가 되었습니다. 친구들도 만나고 마지막 고등학교 시절을 즐겁게 보내고 싶었지만 가지 못한다는 것입니다. 어떻게 해야 할까 고민했지만 정작 자신이 할 수 있는 것은 아무것도 없었습니다. 가진 돈도 없었고, 양복을 구하기도 시간이 너무 촉박했습니다. 졸업식에 너무 참석하고 싶었던, 잭 하일스 목사님은 조그마한 뒷방에 가서 무릎을 꿇고 하나님 앞에 기도했습니다. 처음으로 진지한 기도를 했습니다. "하나님, 졸업식에 정말 가고 싶습니다. 다른 것은 필요하지 않은데, 저에게 양복 한 벌만 주세요. 하나님, 그 정도는 해 주실 수 있잖아요." 이렇게 간절히 기도하고, 무릎을 펴고 밖으로 나왔는데 마침 현관에서 벨소리가 울렸습니다. 무슨 일인가 밖으로 나가 보았습니다. 우체부가 왔다 간 것입니다. 우편함을 열었고, 한통의 편지를 발견하게 되었습니다. 바로 자신의 삼촌 하비가 보낸 편지입니다. 편지의 내용은 이렇습니다.

"사랑하는 조카 잭에게, 나는 네가 졸업을 한다는 사실을 조금 전에 깨달았단다. 시간이 없어서 선물은 사지 못했지만, 대신해서 50달러짜리 수표를 한 장 보낸다. 이것이 충분했으면 좋겠구나."

그리고 잭 하일스 목사의 책에는 괄호를 해놓고 '그것으로 충분하였습니다.'라고 기록되어 있습니다. 당시 50달러면 양복뿐 아니라 구두, 와이셔츠, 넥타이까지 살 수 있는 금액이었습니다. 그는 놀라운 기도의 체험을 하고 기분 좋게 졸업식에 참석했습니다. 대학교 입학도 마찬가지였습니다. 돈 한 푼 없었지만 동 텍사스 대학에 입학하면서도 정말 행복했다고 합니다. 그리고 이렇게 이야기합니다. "나는 돈 한 푼 없지만 반드시 대학을 졸업하게 될 것이라는 것을 알고 있었습니다. 왜냐하면 고등학교도 졸업하게 했으니까 대학도 졸업하게 하시리라는 믿음이 있었기 때문입니다."

주님은 "너희들에게 결핍한 것을 구하든지, 잃어버린 것을 찾든지 아니면 나하고 담판을 짓든지, 결론은 그렇게 할 때 응답할 것이다."라고 말씀하십니다. "포기하지 말아라. 끈질기에 간절한 마음으로 찾아라. 구하고, 두드려라. 너에게 좋은 것을 줄 것이다."

하나님은 우리에게 무엇이 필요하신지 이미 다 알고 계십니다. 그러나 착각해서는 안 됩니다. 모든 것을 아시기에 무조건 퍼주시지는 않습니다. 잠잠한 자에게 억지로 주시지 않습니다. 하나님은 간절히 매달리고, 필요한 것을 원한다고 부르짖는 자에게 채워주시기를 기뻐하십니다.

1. 기도의 태도

① 점층과 반복의 기도

Q 〈마태복음〉 7장 7~8절 말씀을 기록해 보세요.

'구하는 것, 찾는 것, 두드리는 것' 이렇게 점점 강하여집니다. 하나님이 허락하실 때까지의 태도입니다. 조금 하다가 안 되면 포기하고 그만 두는 것이 아닙니다. 주님과 담판 짓는 것입니다. 또 하나는 반복입니다. 반복이라는 것은 지속적인 의미를 담고 있습니다. 하고, 또 하고 반복해서 기도한다는 것입니다.

강하고 간절하게 기도한다고 통성기도만이 강한 기도라는 것이 아닙니다. 한국은 통성기도로 하나님에게 큰 은혜를 받은 민족인 것은 사실입니다. 그렇다고 통성기도만 강한 기도이고 하나님이 응답하시는 기도는 아니라는 것입니다. 기도는 통성기도 외에도 침묵기도도 있습니다. 조용한 속삭임도 있습니다. 묵상기도도 있습니다.

② 끈질긴 기도

Q 〈누가복음〉 18장 7절 말씀을 기록해 보세요.

〈누가복음〉 18장에는 불의한 재판장과 안타까운 과부의 이야기가 나옵니다. 과부는 억울한 일을 당했습니다. 과부의 문제를 해결해 주어야 할 재판장은 뇌물을 받기를 좋아하고, 재판을 그릇되게 하는 잘못된 사람입니다. 여인은 자기의 억울함을 포기하지 않고 호소합니다. 재판장의 집 대문을 두드립니다. 두드리고 또 두드립니다. 다시 재판해달라고 간절하게 소리칩니다. 아무리 불의한 재판장이라도 소원을 들어줄 수밖에 없었습니다. 그 뒤에는 주님이 하신 말씀이 생략되어 있습니다. "불의한 재판장도 여인의 소원을 들어 주는데 하물며 너희 아버지라고 하는 내가 너희들의 소원을 들어주지 않겠느냐."

2. 잘못된 기도의 모습

① 유교식 기도

Q 〈마태복음〉 6장 5절 말씀을 기록해 보세요.

격식과 절차를 강조합니다. 한국 분들이 이런 격식과 절차 때문에 실수하는 모습을 보게 됩니다.

《이야기 산책》이라는 책에 보면 재미있는 이야기가 있습니다. 기독교 초창기 시절에 어떤 아이가 동생의 몸에 불이 붙은 것을 보았습니다. 불이 붙으니까 아버지에게 달려갑니다. 항상 아버지께 양반이라는 이야기를 들었던 터라 격식 있게 이야기를 하는 것입니다.

"저를 낳으셔서 지금까지 온갖 험한 풍파와 고통 속에서 저를 키워주신 아버지! 한결 같은 마음으로 우리 형제를 돌보시고, 먹이고 입히셨던 아버지를 생각할 때 마다 눈물이 앞을 가립니다. 아버지는 저에게 우주요 태양이요 우리 가정에 든든한 가장이십니다. 아뢰올 말씀은 지금 동생의 옷에 불이 붙었습니다. 빨리 꺼야 할 것 같습니다."

그러는 사이에 이미 동생은 불에 다 탔습니다.

그럴 때는 예의나 절차는 필요가 없습니다. "아버지 동생 옷에 불 붙었어요. 살려 주세요." 간절함과 다급함만이 필요한 것입니다. 불이 붙었으면 빨리 꺼야 합니다. 배고프면 배고프다고 해야 합니다. 힘들면 힘들다고 소리쳐야 합니다.

② 철학적인 기도

Q 〈전도서〉 12장 12절 말씀을 기록해 보세요.

내용이 풍부하고 뭔가 깊이가 있는 것 같지만, 진정한 하나님의 능력을 믿지 않는 기도입니다.

③ 주문적인 기도

Q 〈마태복음〉 6장 7절 말씀을 기록해 보세요.

하나님의 능력은 믿지만 기도를 어떤 고정된 틀 안에 가두는 것입니다. 주문을 외우듯이 반복적으로 생각 없이 하는 것입니다.

기도는 소리를 높여 하든지, 절박하고 간절하게 하든지, 작은 소리나 마음 속으로 하는 것이 중요하지 않습니다. 하나님 앞에 진실 되고, 마음을 다하는 기도는 유교적이고, 철학적이고, 주문적인 기도가 아니라 인격적이고 현실적인 기도입니다. 이러한 기도는 어떤 기도보다 응답이 빠릅니다.

3. 진실된 기도의 자세

① 구체적이고 실제적인 기도를 해야 합니다.

Q 〈빌립보서〉 2장 13절 말씀을 기록해 보세요.

오늘날 성도들의 기도는 대부분 너무 추상적입니다. 기도를 하기는 하는데 정작 자신도 무슨 말인지 모르고, 듣는 사람도 무슨 기도를 하는지 이해할 수 없습니다. 주님도 병자를 고치시거나 많은 사건 앞에서는 꼭 첫 마디가 이것이었습니다. "네가 무엇을 구하느냐. 내가 네게 무엇을 해주기를 원하느냐?" 모든 필요를 아시면서도 이렇게 질문하셨습니다. 그럴 때 성경에

치유받고 역사함을 받은 모든 사람은 구체적이고 실재적인 대답을 합니다. "다윗의 자손 예수여 나를 불쌍히 여겨 주소서." 불쌍히 여기는 것도 여러 가지가 있습니다. 마음의 위로를 주는 것도 불쌍히 여기는 것입니다. 그의 아픔을 고쳐 주는 것도 불쌍히 여기는 것입니다. 물질을 주는 것도 불쌍히 여기는 것입니다. 주님은 무엇을 불쌍히 여겨 달라는 것인지 잘 알고 계십니다. 그러나 주님은 묻습니다. "내가 너에게 무엇을 해주기를 원하느냐" 그때 이렇게 대답합니다. "보기를 원합니다." 굉장히 실재적입니다. 마찬가지입니다. "낫기를 원합니다." 38년 된 병자가 낫는 것이 당연한 줄 알면서 무엇을 해주기를 원하느냐고 물으셨을 때 낫기를 원한다는 대답을 들으셨습니다. "내 아이가 살기를 원하나이다." 실재적이고 구체적인 것입니다.

수험생을 둔 어머니가 이런 기도를 합니다. "하나님 시험 당일 딸의 눈과 마음과 손이 오답을 찍지 않고 정답을 찍을 수 있도록 해 주시옵소서." 무슨 기도인지 아실 것입니다. 아이의 눈, 아이의 마음, 아이의 손이 오답에 다가가다가도 정답으로 돌아가게 해 달라는 것입니다. 한마디로 정답을 찍게 해 달라는 유치한 기도입니다.

아이의 현실을 모르는 대부분의 부모는 이렇게 기도합니다. "하나님! 우리 아이가 다른 아이의 머리가 되게 해 주시고, 꼬리가 되지 않게 해 주시옵소서. 세계 만방에 위대한 성민이 되게 해 주시어 수많은 사람을 이끌 수 있도록 해 주시옵소서." 물론 그 기도도 하나님이 들으시고 응답됩니다. 그러나 아이의 현실은 내신 10등급으로 뒤에 몇 명 없습니다. 그런 상황에서 아이에게 필요한 기도는 좀 더 실재적인 기도입니다. "하나님 저 아이는 열심이 없습니다. 하나님이 아이의 마음을 어루만져 주시옵소서. 공부를 잘 하고 못하고를 떠나 성실한 마음을 주시고, 수학만 보면 질려버리는데 수학에 눈을 뜨게 하시고, 암기력도 좋게 하시고, 집중할 수 있는 마음가짐을 주시옵소서." 이런 구체적인 기도가 차라리 낫다는 것입니다.

우리의 기도가 너무 추상적인 것은 급하지 않다는 이야기입니다. 불났다면 불났다고, 물에 빠졌다면 물에 빠졌다고 해야 합니다. 살려 달라고 할 때는 살려 달라고 해야 하고, 필요할 때는 필요하다고 해야 됩니다. 지금 수능생에게 필요한 것은 점수 잘 받는 것이 가장 급선무입니다. 만약 수험생을 위해서 기도해야 한다면 이렇게 기도하는 것도 좋을 것 같습니다. "하나님! 딸(아들)의 눈과 마음과 손이 오답을 찍지 않고, 정답을 찍을 수 있도록 해 주시옵소서." 여러분의 믿음대로 될 것입니다.

구체적이고 실제적으로 기도한다는 것은 하나님을 실재적으로 찾는다는 이야기입니다. 우리는 하나님을 뒷방에 계신 할아버지로 생각할 때가 많습니다. 늘 우리를 징계하시거나 아니면 내가 경배만 해도 될 대상이 아니라는 것입니다. 하나님을 인격적으로 만나며 그분 앞에 실재적인 내 삶의 문제를 가지고 간절한 마음으로 의지하는 것입니다.

② 포기하지 않고 지속적으로 기도해야 합니다.

Q 〈누가복음〉 18장 5절 말씀을 기록해 보세요.

〈누가복음〉 18장에서 과부의 끈질긴 기도가 불의한 재판장의 마음을 녹였습니다. 일을 이루는 사람과 이루지 못하는 사람과의 차이는 간단합니다. 머리도 아닙니다. 능력도 아닙니다. 하나는 집중이고, 하나는 끈기입니다. 공부하는 아이들에게도 집중과 끈기의 문제는 잘 적용됩니다. 공부를 잘하는 아이는 짧은 시간이라도 상당한 집중을 합니다. 책을 읽어도 먹어 버릴 만큼 집중합니다. 끈기도 마찬가지입니다. 끝까지 포기하지 않고 계속해서 도전합니다. 인생 승리자들은 성공하기 바로 직전이 가장 고통스럽다고 합니다. 일반 사람들은 8~9부 능선까지 잘 넘어 가다가 더 이상은 안 되고, 불가능하다고 포기해 버립니다. 승리와 응답의 직전이 가장 어둡고 고통스럽다는 것입니다. 해가 뜨기 전이 가장 어두운 것처럼, 하나님의 응답이 주어지기 전이 가장 고통스러운 것입니다. 기도도 마찬가지입니다. 포기하지 않는 사람은 집중합니다. 하나님에게로 우리의 초점을 맞추는 것입니다.

세상 사람들은 불가능하다고 소리치고, 사람들은 도저히 있을 수 없는 일이라 할지라도 나는 그 일을 위하여 포기하지 않고 집중하여 기도하는 것입니다. 이것이 바로 기도 응답의 놀라운 비결입니다. 조금만 더 구하고, 조금만 더 찾고, 조금만 더 두드리는 것이 응답의 비결입니다. 성경의 수많은 위인들이 그랬습니다. 절망이었던 아브라함에게 비웃었던 사라에게 웃음을 주셨습니다. 이룰 수 없을 것 같은 꿈을 품고 살았던 요셉에게 응답하셨습니다.

③ 응답될 줄 믿고 응답된 후를 그리며 기도해야 합니다.

Q 〈마가복음〉 11장 24절 말씀을 기록해 보세요.

어려운 말이 아닙니다. 믿음으로 기도하라는 이야기로 믿음의 기도와 믿음 없는 기도는 완벽히 다릅니다. "하나님도 이건 안 되실 거야. 세상도 이 정도면 다 포기하는 거야." 아닙니다. 믿음은 이런 것이 아닙니다. 본문 말씀에 '믿음으로'라는 말을 넣어 봅시다. "믿음으로 구하라 그리하면 너희에게 주실 것이요 믿음으로 찾으라 그리하면 찾아 낼 것이요 믿음으로 문을 두드리라 그리하면 너희에게 열릴 것이니."

기도에서 가장 중요한 것은 바로 믿음입니다. 기도하면서 "하나님, 응답

주시면 감사하겠습니다."가 아닙니다. 비록 내가 기도해도 이루어지지 않고, 상황은 더 악화될지라도 응답해 주실 그 다음 상황을 상상하라는 것입니다. 미리 거룩한 상상을 하라는 것입니다. 굉장히 중요한 용어입니다. 거룩한 상상은 헛된 망상이 아닙니다. 과욕을 부리는 것이 아닙니다. 있을 수 없는 것을 고집하는 것이 아닙니다. 그분 앞에 우리 삶의 모든 것을 맡기는 것입니다. 주님을 믿고, 구하고, 찾으면서 하나님이 응답하실 때의 상황을 미리 그려 보는 것입니다. 이것이 거룩한 상상입니다. 그리는 대로 응답될 것입니다.

허풍을 떨라는 이야기가 아닙니다. 정말 간절하게 원하는 것을 믿고 기도해야 합니다. 거룩한 상상으로 응답될 줄로 믿고 기도하는 것입니다. 만약 질병의 고통 속에 있다면, 내가 하나님의 은혜로 낫게 되었을 때를 상상해야 합니다. 낫게 되어서 하나님의 거룩한 일을 감당하는 모습, 예배하는 모습, 내가 어떻게 될까? 거룩한 상상을 하며 기도하는 것입니다. 하나님은 여러분이 상상하고 그린 것보다 더 크고 좋은 것으로 응답하실 것입니다.

또 거룩한 상상이 왜 중요하냐 하면 하나님이 응답을 주셨을 때 곤란한 일이 벌어질 수도 있기 때문입니다. 늘 가난하게 살던 분이 기도의 응답을 받아 큰 물질의 복을 받으면 어떻게 쓸 줄을 몰라서 이상한 사람이 되는 것입니다. 돈의 노예가 되어 변질되는 것입니다. "하나님 나는 비록 비천한 삶을 살지만 하나님이 나에게 은혜 주실 줄로 믿습니다. 하나님의 놀라운 은혜로 응답주실 때까지 맡겨 주신 지금 일에 대해 성실하게 하겠습니다."라고 기도하는 것입니다. 그리고 거룩한 상상을 하는 것입니다. 하나님이 나에게 언젠가는 응답하실 것이라 믿고, 주실 것을 미리 상상합니다. 비록 없는 형편이지만 주의 일을 위해 믿음으로 사용하고, 주변에 어려운 사람들을 돕고, 저축도 하고, 더 값어치 있는 부분에 사용할 것을 상상하고 연습해야 합니다. 그러한 거룩한 상상은 여러분의 인생을 반듯하게 합니다.

④ 아름다운 습관이 되게 기도해야 합니다.

Q 〈다니엘서〉 6장 10절 말씀을 기록해 보세요.

늘 구하고 두드리고 찾는 것이 습관이 되게 해야 합니다. 주님은 그렇게 말씀하십니다. "계속해서 구하고, 계속해서 찾고, 계속해서 두드리라." 이것이 계속 되다 보면 좋은 습관이 되는 것입니다.

이것은 우리만의 특권입니다. 구하고, 찾고, 문을 두드리십시오.

주님과 동행하기

1. 하나님은 기도하는 자에게 반드시 좋은 것으로 주십니다.

① 사랑하는 자녀에게 복을 주시기 원하기 때문입니다.

Q 〈마태복음〉 7장 9~11절 말씀을 기록해 보세요.

하나님이 우리가 드리는 기도에 반드시 응답하시는 이유는 사랑하는 자녀에게 복 주시기를 원하기 때문입니다. 그래서 본문에는 여호와 하나님.

이런 표현보다 아버지라는 표현을 쓰고 있습니다. 우리는 늘 하나님을 사랑한다고 하나님에게 헌신한다 하지만 기도하는 부분에서는 하나님이 우리를 향한 마음보다는 작습니다. 하나님은 늘 우리를 따뜻한 눈으로 바라보십니다. 애틋하게 바라보십니다. 그런데 신앙생활을 오래하신 분일수록 강박관념이 있습니다. "내가 하나님을 위해서 뭔가를 해야 하지. 내가 하나님을 위해 큰일을 해야 되지 잘못하면 하나님의 징계가 있지." 아닙니다. 그것보다 더 중요한 시선이 있습니다. 하나님은 참으로 사랑이 많으시고 인자하신 하나님으로서 우리의 아버지이십니다. 어떤 의미로는 친정아버지 같은 분이십니다. 무엇이든지 이해해 주고, 들어주고, 그저 좋은 것을 하나라도 더 주시고 싶은 마음이라는 것입니다.

② 하나님은 언제나 좋은 것으로 응답하십니다.

우리의 기도에 모두 다 'Yes'라고 응답하신다고 착각해서는 안 됩니다.

Yes, No, Wait 모두 다 하나님의 응답입니다. 다 좋은 것입니다. 아마 하나님이 우리의 입으로 구하는 모든 것을 그대로 다 들어주신다면 이 땅에는 재앙이 넘쳐날 것입니다. 마음에 안 드는 사람이 있다면 "하나님, 저 사람 때문에 고통스럽습니다. 하늘에서 벼락이 떨어져 저 사람이 죽었으면 좋겠습니다." 급한 경우에 한 마디 던질 수도 있습니다. 기도의 응답으로 즉각적으로 벼락이 떨어진다면 본인이 더 나쁜 사람이 되는 것입니다. 우리 하나님은 절대로 그런 분이 아니십니다. 우리의 기도에 "노"라고 하셔도 하나님의 깊은 뜻이 있습니다. 하나님은 우리가 구하는 기도가 하나님의 뜻에 합당할 때 '예스'라고 하는 것입니다. 그때는 즉각적으로 응답이 되는 것입니다. 그리고 우리의 삶에 더 큰 것을 주시기 위하여 기다리라고 하실 때도 있다는 것입니다. 결론은 우리 하나님은 언제나 좋은 것으로 응답해 주신다는 것입니다.

2. 기도 다이어리

응답받는 기도는 하나님의 뜻에 맞는 기도입니다. 우리의 삶 속에서 가장 급하고 우선적으로 해야 할 기도가 있다면 순서대로 적어 봅시다. 그리고 간절히 기도할 때 어떻게 응답되는지 믿음의 눈으로 바라봅시다.

	기도제목	응답
1		
2		
3		
4		
5		
6		
7		
8		
9		
10		

어렵지만 해야 합니다

✣ 〈마태복음〉 7장 12절

12 그러므로 무엇이든지 남에게 대접을 받고자 하는 대로 너희도 남을 대접하라
이것이 율법이요 선지자니라

세상 돌아보기

• 이미지 게임

이것은 이미지 게임입니다. 그냥 이미지! 느낌에 따라 구성원 중 누군가를 적어 주세요. 단! 한 사람이 반복되지 않게 한 번씩만 적어 주세요.

	질 문	대 답
1	배를 타고 가다가 풍랑을 만나 무인도에 머물게 되었습니다. 당신의 옆에 단 한 명이 있다면 누구였으면 좋겠습니까?	
2	상대방의 잘못으로 차사고가 났습니다. 그런데 도리어 그 사람이 화를 내고 있다면 누가 내 옆에 있어 주면 좋을까요?	

3	지금은 새벽 1시입니다. 그런데 잠이 너무 안 오네요. 누구에게 전화하면 좋을까요?
4	화창한 봄~ 주말에 함께 놀이공원에 놀러가고 싶은 사람은?
5	나의 숨은 재능을 발견해서 내가 꿈을 이룰 수 있도록 도와줄 수 있을 것 같은 사람은?
6	친구 선물을 사야 하는데 무엇을 사야할지 모르겠어요. 누구와 같이 가면 좋을까요?
7	이벤트에 당첨되어 MP3를 받게 되었습니다. 누군가에게 이야기를 하고 싶은데 누구에게 이야기를 하면 좋을까요?
8	주말에 미술관을 가려고 합니다. 같이 그림도 보고 이야기도 나눌 사람으로 누가 좋을까요?

주님 알아가기

우리 주변에서 의외로 남을 위해 자기 자신을 희생하는 수많은 사람들을 보게 됩니다. 과거 IMF 때는 연일 치솟는 환율로 많은 사람이 고통스러워 했습니다. 특히 가난한 유학생들은 더 많이 힘들었습니다.

미국의 어느 한 교회에 박사과정을 공부하는 학생부부가 있었는데 도저히 학비를 내지 못해서 학업을 포기하고 다시 한국으로 돌아갈 수밖에 없었습니다. 이때 모든 성도가 그 부부를 위해 기도하였습니다.

어느 날 한 자매가 목사님에게 하얀 봉투를 내밀었습니다. 그 봉투 안에는 많은 돈이 들어 있었습니다, 그리고 이렇게 이야기합니다.

"목사님, 이것은 제가 기도하는 중에 마음이 생겨 차를 팔아서 만든 돈입니다. 학비를 마련하지 못한 그 젊은 부부에게 꼭 전해 주세요. 제가 누구인지는 절대로 밝히지 마세요."

미국생활에서 차가 없다는 것은 거의 상상이 안 갑니다. 하지만 그때부터 청년은 돈을 모아 자동차를 구입할 때까지 대중교통을 이용하고 불편하게 지냈습니다. 그렇게 해서 그 젊은 부부는 박사 과정을 무사히 마치고 미국의 유수의 연구소에 취업을 해서 지금도 잘 살고 있다고 합니다.
바로 그때에 돈을 가지고 왔던 그 자매는 현재 미국의 큰 한인교회 담임목사님의 사모님이 되었다고 합니다.

섬김이 무엇인가 생각하게 됩니다. 아무런 대가없이 자신을 드러내지 않고 남을 섬기는 것 그것을 하나님은 더 많이 기뻐하고 더 크게 축복합니다.

1. 우리는 이미 갚을 수 없는 큰 사랑을 받았습니다.

하나님은 우리에게 많은 좋은 것을 주셨습니다. 무엇보다 이 땅에 죄로 인하여 죽을 수밖에 없는 우리를 위해서 독생자 예수 그리스도를 보내 주셨습니다. 예수님은 우리를 위하여 살을 찢고 피를 흘리셔서 우리에게 새 생명을 주셨습니다. 그것보다 더 큰 은혜와 사랑은 없습니다.

① 주님의 사랑을 깨닫는다면 하나님이 원하시는 삶을 살아야 합니다.

Q **〈마태복음〉 7장 12절 말씀을 기록해 보세요.**

이 사랑을 깨닫는 사람이라면 기꺼이 하나님이 원하시는 대로 다른 이들을 위해 주는 삶을 살아야 할 것입니다. 이렇게 남을 섬기고 주는 것이 우리의 삶에서 드러나지 않는다면 우리는 참된 그리스도인이라 말하기 어려울 것입니다. 우리는 날마다 하나님의 은혜에 감사하며 남을 대접하고 섬기고 나누는 삶을 살아야 합니다. 그때 우리가 참된 그리스도인이라는 것을 조금이나마 증명할 수가 있는 것입니다.

② 우리가 대접받고자 하는 대로 타인을 대접해야 합니다.

본문은 '황금률'이라고 합니다. 황금의 법칙이라고 할 만큼 성경에 기록된 수많은 율법 가운데 가장 중요한 법칙이라는 것입니다. 불교나 유교에서도 비슷한 말이 있지만 하나님이 친히 말씀하신 본문처럼 적극적인 말은 없습니다. 불교에는 이런 말이 있습니다. "네가 하기 싫은 것은 남에게도 요구하지 말라."

주님은 적극적인 방법으로 네가 대접을 받고자 하는 대로 남을 대접하라고 하는 적극적은 실천의 방안을 우리에게 말씀하셨습니다.

주님 바라보기

현재 경북 안동교회의 원로장로로 계시는 정찬근 장로님의 이야기입니다. 안동에서 이비인후과 원장을 하시면서 약 700여 명의 한센병 환자들이 사는 안동성자원이라는 재활원에서 한센병 환자들과 33년을 함께하셨습니다. 그 분은 매일 새벽4시가 되면 한센병 환자의 교회인 안동 성자교회에 가서 그들과 함께 새벽기도를 드리고 다시 본 교회인 안동교회에 와서 한 번 더 새벽기도를 드리셨습니다. 매일 새벽기도를 드릴 뿐만 아니라 일주일에 한번은 무료로 환자를 진료했고 그들에게 사랑을 나누었습니다. 은퇴를 하면서 자신의 재산을 정리하여 장애인 재활시설을 만들기 위한 사업을 시작했는데 10억 여원의 자금이 부족했습니다. 어려움이 있을 때에 생각지도 못했던 한센병 환자 몇 분이 거액을 놓고 돌아가셨습니다. 불과 몇 년 전의 일입니다.

2010년 12월22일 성탄절을 며칠 앞둔 날에 안동 금은방협회 협회장의 집에 4인조 무장 강도가 들어왔습니다. 그때 부인과 딸을 묶어놓고 강도질을 하던 중에 바로 그 협회장이 들어왔습니다. 그는 숨겨놓은 돈과 은금 폐물을 주면서 제발 부인과 딸을 무사하게 해달라고 부탁했습니다. 그런데도 강도들은 믿지 못하고 온 집안을 뒤졌고 진열장 안에 있는 매우 낡은 감사패를 보게 되었습니다. 이 감사패는 바로 정창근 장로님이 하는 재활원에 협회장이 영구 후원자가 되겠다는 데에 감사의 뜻으로 주어진 것이었습니다. 강도가 깜짝 놀라서 말을 합니다.

"당신, 정찬근 장로님을 아느냐?"

"예, 압니다."

"이것이 뭐냐?"

"예, 제가 그 분이 하는 아름다운 사역에 평생 후원자가 되기로 했습니다."

그러자 한 명이 충격을 받더니 이 집에서 빨리 나가자고 나머지 강도들을 설득합니다. 싸움이 일어났습니다. 끝까지 설득해서 데리고 나가면서 이렇게 이야기합니다. "당신이 정창근 장로님에게 도움을 주신 분이라면 제가 실례했습니다. 죄송합니다."

정창근 장로님이 33년 동안 봉사하고 성자원을 은퇴하시면서 남긴 글을 여러분에게 소개합니다.

"안동 성자원과 33년의 인연을 마치면서 그냥 그렇게 미안해요. 그리고 고맙습니다. 술에 인삼을 담아두면 술이 인삼이 되고 인삼이 술이 되겠지요. 그런데 나는 여러분과 33년을 같이 했지만 한센인 못 되고 건강하게 나가게 되어 정말 미안합니다. 한센인들을 위하여 다미안 신부님 보기에도 미안해요. 그는 결국 한센병에 걸려 그들과 함께했지요. 손양원 목사는 애향원에서 병자들의 고름을 빨았다고 했는데 나는 여러분의 고름을 단 한 번도 빨아보지 못했어요. 미안해요. 정말 미안해요. 앞으로 빨 수 있도록 노력해 보겠습니다. 내가 미안해요. 젊어서 소록도에 들어와 백발이 되도록 봉사하고 편지 한 장만 남기고 떠나니 말입니다. 마리안느나 마가렛 같은 분보기에도 정말 부끄러워요. 자꾸 섭섭해 하고 선물 주고 이런 것 너무 싫습니다. 내가 이곳에 33년 있어도 여러분에게 정말 해 준 것이 없습니다. 그런 뜻에서 제가 여러분에게 자꾸 나타나서 명예원장이니 수고했느니 이런 말은 하나님 앞에도 부끄럽고 들을 필요도 들을 이유도 아무것도 없습니다. 정말 정말 미안해요."

남에게 대접을 받고자 하는 대로 남을 대접하는 이것이 율법이요 선지자입니다. 여기에서 "율법이요 선지자"라는 말은 '구약성경', 즉 '하나님의 말씀'이라는 뜻입니다. 즉 "네가 남에게 대접받고자 하는 대로 대접하여라! 이것이 성경 말씀이자 율법의 결론이란다."라는 말씀입니다. 그런데 사람들이 잘못 해석할 때가 많습니다. 남에게 대접을 받고자 하는 대로 네가 대접하니 '대접'하는 것만 중요하다 생각합니다. 하지만 원문을 보면 뜻이 좀 다릅니다. '대접한다'는 뜻의 헬라어는 '포이에오'입니다. 이 말은 한국 사람이 생각하는 의미와는 좀 다릅니다. 우리는 음식으로 접대하고 남을 다른 방법으로 대접하는 것이라고 생각합니다. 영어에서는 그냥 'DO'입니다. '행한다', '한다'는 뜻입니다. 누군가를 대접한다는 한정적이라는 뜻이 아니라 '행한다', '한다'는 포괄적인 의미입니다. 원문에 충실하게 다시 번역해 보겠습니다.

"우리는 다른 사람들이 우리에게 행해 주기를 바라는 그대로 그들에게 행해야 한다."

남들에게 우리가 원하는 것이 있습니다. "저 사람이 나에게 이렇게 해 주면 좋겠다." 그렇게 내가 원하는 대로 상대방에게 먼저 하라고 본문에서 말하고 있습니다. 이 말씀이 얼마나 위대하고 실천하기 어려운 것인지 이해됩니다. 네가 저 사람에게 사랑받기 원한다면 네가 그렇게 바라는 대로 먼저 사랑하라는 것입니다.

《공동번역》은 이렇게 번역합니다. "너희는 남에게서 바라는 대로 남에게 해 주어라 이것이 율법서와 예언서의 정신이다."

좀 더 유치한 말로 이해를 돕는다면 우리가 간절하게 원하는 것이 있다면 그 간절하게 원하는 것을 남에게 먼저 하라는 이야기입니다. 예를 들면 결혼한 여성은 남편들이 사랑한다는 말을 하지 않는다 해서 섭섭해하지 마시기 바랍니다. 남편들이 결혼기념일, 생일 등을 챙겨 주지지 않는다고 섭섭해하지 마시기 바랍니다. 이제 바꾸시면 됩니다. 우리가 사랑한다는 말을 듣기 원한다면 먼저 사랑한다고 말하면 됩니다.

황금률은 굉장히 광범위한 것입니다. 내가 모든 면에서 남에게 받고자 하는 것, 원하는 것을 그대로 행하라는 것입니다.

1. 황금률의 법칙

① 동종의 법칙

Q 〈누가복음〉 6장 37절 말씀을 기록해 보세요.

남에게 행하는 법칙의 종류를 따라서 자신도 그 종류대로 받는다는 것입니다. 한마디로 심는 종류에 따라 거두는 겁니다. 콩을 심으면 콩이 나고, 팥을 심이면 팥이 나는 것입니다.

전부 동종입니다. 비판하는 사람은 자기가 비판을 받습니다. 비판하지 않는 사람은 비판을 받지 않는다고 했습니다. 남을 정죄하지 않는 자는 그대로 정죄를 받지 않습니다. 내가 남에게 용서하라고 하면 본인도 용서로 똑같은 동종을 받는다는 것입니다. 그렇기에 우리는 원수에게도 사랑을 베풀고 우리를 미워하는 사람에게도 사랑을 베풀어야 합니다. 그것이 다시금 돌아오기 때문에 우리는 사랑을 베풀어야 합니다.

Q **〈누가복음〉 6장 27~28절 말씀을 기록해 보세요.**

원수를 사랑하고, 미워하는 자를 선대하고, 저주하는 자를 축복하고, 모욕하는 자를 위해 기도한다는 것은 쉽지만은 않습니다. 그러나 원수를 사랑하고 정말 나를 미워하는 사람을 위해서 기도할 수 있는 정도가 되어야 우리가 그리스도인임을 증명하는 것입니다.

② 플러스의 법칙

Q **〈누가복음〉 6장 38절 상반절 말씀을 기록해 보세요.**

남에게 준 것보다 더 많은 것으로 받는 것이기에 플러스 법칙입니다. 옛날 여러분이 됫박으로 쌀을 살 때를 생각하시면 됩니다. 무슨 곡식이나 농작물을 사실 때 됫박으로 사면 장사하시는 분들이 대충 넣으면 얼마 들어가지 않습니다. 하지만 흔들어서 넣으면 처음보다 많은 양이 들어갑니다. 게다가 누르기까지 하면 됫박 위에다가 수북하게 쌓아올릴 수 있습니다.

그래서 하나님이 말씀하시는 것은 우리는 비록 기준치만큼 하지 못할지라도 하나님이 우리에게 주실 때는 흔들고 누르고 넘치도록 주신다는 것입니다. 그래서 하나님은 주는 것을 굉장히 중요하게 여기십니다. 내가 남을 선대하고 내가 원하는 것을 준다는 것은 정말 중요한 이야기입니다.

또한 원수를 위하여 우리가 기도할 때 하나님은 원수에게 복을 주시는 것이 아니라 원수를 위해 기도하는 자를 기억하시는 것입니다.

③ 질량의 법칙

Q 〈고린도후서〉 9장 6절 말씀을 기록해 보세요.

다른 사람에게 주는 양에 따라 받기도 합니다. 그러므로 반드시 심어야 되는 것도 중요하지만 많이 심는 것도 중요합니다. 가뭄에 콩 나듯이 한 번 선한 일을 한 것을 평생 우려먹는 사람들이 있습니다. 그것이 아닙니다. 내가 한 것조차도 생각할 수 없을 만큼 많은 양을 하나님 앞에 심었을 때에 놀랍고 풍성한 것으로 다시금 돌아오는 것입니다. 우리는 많이 심는 연습을 해야 합니다.

우리가 과거에 불렀던 복음성가 가운데 이러한 곡이 있습니다.
"한 냥 중 받고, 두 냥 중 받고, 닷 냥 중 받은 종을 보라……. 게으른 종은 준 것도 뺏고 충성된 종은 더 주시리! 믿는 자 천국 불신자 지옥 심판 날 오면 면치 못하고 알곡인가 쭉정인가를 분할 자가 곧 오리라."

두 부분에서 충격을 받습니다. '게으르고 인색하게 하는 자는 주신 것도 다시 빼앗아 가시는구나. 유지하는 것이 아니구나.' 반대로 '충성된 자와 많은 양을 드리고 최선을 다한 자는 하나님이 더 주시는 구나!' '언제가 우리가 천국 앞에 섰을 때에 내가 지옥 가는 형벌은 없지만 하나님 앞에서 네가 이 땅에서 어떻게 살았느냐 점검받는 절차가 있구나!'하는 것입니다. "착하고 충성된 종아 네가 정말 많은 부분에서 네가 바라는 것을 남들에게 더 많이 베풀었구나!" 주님은 우리를 칭찬하실 것입니다.

2. 다른 사람에게 바라는 것을 그대로 행해야 합니다.

① 그리스도의 대헌장

《그리스도의 대헌장》이라는 책을 보면, 사람에게는 크게 3가지 바라는 마음이 있다고 합니다.

이해받고 싶은 마음

이 땅에 살면서 누군가가 나를 완전히 이해해 주기를 원하는 것입니다. 남편이 나를, 부모가 나를, 자식이 나를, 친구가 나를, 목회자가 나를, 세상 사람들이 나를 이해해 주기를 원하는 마음이 모든 사람에게 있습니다. 다 털어 놓고 이야기해도 들어 줄 것 같고, 내가 어떠한 경우에 무슨 이야기를 하든지 다 이해해 줄 수 있는 사람이 있었으면 합니다.

이해받고 싶은 마음은 누구에게나 있습니다. 살아가면서 "나는 외롭다 힘들다 아무도 나를 이해 못한다. 남편도 아내도 이해 못하고 자식도 이해 못한다." 그렇게 말해서는 안 됩니다.

황금률에서는 내가 남에게 바라는 마음, 이해받고 싶은 마음으로 먼저 남을 이해하라고 합니다. 내가 아내를 이해하고, 남편을 이해하고, 부모님을 이해하고, 자식을 이해하고 목회자를 이해하고, 성도를 이해하는 것으로 바뀌는 것을 말합니다. 주님은 이렇게 말씀합니다. "너희가 이 땅에 살면서 누군가 너희를 이해하고 알아주기를 원하느냐 네가 먼저 다른 사람을 이해하고 알아주어라. 네가 먼저!"

우리는 "제가 먼저 이해하겠습니다!" 그 말 한 마디가 삶을 변화시킨다는 사실을 믿어야 합니다.

참아 주기를 바라는 마음

다른 이가 참아 주기를 바라는 마음, 그러나 먼저 자신이 참아야 합니다.

많은 사람이 너무나 쉽게 "내가 너에게 실망했어!" 심지어는 자녀를 향해도 "너 같은 놈은 호적에서 파 버릴 테다!"라는 이야기를 합니다. 누구에게나 믿고 참아 주기를 원하면 여러분이 믿어 주면 됩니다.

"목사님, 저놈은 내 아들이지만 절대 못 믿습니다." 그래도 믿어야 합니다. 속아도 믿어야 됩니다. 그것이 오늘 성경 말씀의 황금률입니다. 황금률은 그렇게 쉬운 것이 아닙니다. 단순하게 남에게 대접하는 모양으로 밥 한 그릇 사는 것이 613개나 되는 모든 율법의 총칙이라고 할 수 있겠습니까? 황금률은 율법의 모든 것을 행하는 것입니다.

존경받고 인정받고 싶은 마음

아무리 부족하고 비천한 사람이라도 남에게 무시를 당하면 속상해 합니다. 존경과 인정받고 싶은 마음이 있습니다. 경제적 빈부, 사회적 지위, 장애, 어리석음 다 상관없습니다. 심지어 어린아이들조차 인정받고 존경받기를 원합니다. 그러기에 여러분이 존경받기를 원한다면 먼저 모든 사람을 향하여 진심 어린 마음으로 존경하고 신뢰하고 인정하십시오. 그들을 격려하고 칭찬하십시오. 누구에게나 인정받고 칭찬과 격려를 받고 싶은 마음이 있습니다.

② 먼저 대접해야 합니다.

Q 〈로마서〉 5장 8절 말씀을 기록해 보세요.

그 몇 절 뒤에는 "우리가 아직 원수 되었을 때"라고 말합니다. 원수 되었을 때 주님이 먼저 찾아오시고 사랑한다고 말씀하셨습니다. 성경은 늘 하나님이 먼저 찾아오신 사건을 이야기합니다.

네가 대접받기를 원하는 대로 대접하라는 것은 네가 먼저 다른 이가 대접하기를 바라지 말고 대접하라는 뜻이 있습니다. 하나님은 늘 우리에게 먼저 주셨습니다. 우리가 사랑하기 전에 하나님이 우리를 사랑하셨고 우리가 하나님을 찾기 전에 하나님이 우리를 먼저 찾으셨습니다.

Q 〈누가복음〉 6장 28~29절 말씀을 기록해 보세요.

이것은 "내가 받기를 원하면 내가 원하는 양 보다 더 많이 주어라"는 말입니다. 그가 원하는 것보다 내가 더 많은 것을 그에게 주라는 이야기도 합니다. 정말 어렵습니다. 그러나 어렵지만 해야 합니다.

주님과 동행하기

1. 황금률의 정신

이것은 어떤 마음의 자세로 해야 하는가의 문제입니다. 하나님은 결과도 중요하지만 그 과정과 마음을 보십니다.

① 순수한 마음

Q 〈누가복음〉 10장 33~35절 말씀을 기록해 보세요.

조건 없이 행하고 대접하는 것입니다. 하나님이 우리에게 조건을 제시하면 우리는 어떤 은혜도 받을 수 없습니다. 만약 하나님이 우리를 향하여 조건을 붙인다면 모든 자가 그분의 은총을 누릴 자격이 없습니다. 하나님은 자격 없고 무능하고 연약하고 죄 많은 우리에게 놀랍고 감당할 수 없는 은혜를 주셨기에 우리도 대가를 바라지 않고 순수하게 그저 남을 향하여 행하는 것입니다.

② 기쁜 마음

Q 〈베드로전서〉 4장 7~9절 말씀을 기록해 보세요.

불평하면서 대접하고, 나누고, 섬기는 것은 전혀 하나님에게 영광이 되지 않습니다. "서로 대접하기를 원망 없이 하라"는 말씀은 바로 기쁜 마음으로 하라는 것입니다. 사랑하는 마음으로 하고 기쁨이 없이는 행하지 말아야 합니다.

또한 늘 주님의 은혜에 감사하는 마음으로 겸손히 행하여야 합니다. 독생자 예수 그리스도를 우리에게 아낌없이 주신 하나님의 은혜, 나 같은 죄인 살리신 주의 은혜가 너무 놀라워 감사하는 마음으로 행해야 합니다.

〈시편〉 기자의 고백처럼 "여호와께서 내게 주신 은혜를 내가 무엇으로 보답 할꼬"를 생각해야 합니다. 그래서 우리 역시도 "주님, 내가 작은 것이라도 다른 사람에게 사랑하고 섬기고 나누고 그를 행하여 대접합니다. 내가 주님 주신 감사하는 마음을 조금이라도 실천하겠습니다.'라는 고백이 있어야 합니다.

2. 도움의 손길을 기억합시다.

지금까지 살아오면서 누군가로부터 받았던 도움 가운데 가장 기억에 남는 것을 이야기해 봅시다. 기억에 남는 이유와 그때의 느낌을 자세히 나누면서 우리도 그리스도의 사랑을 실천하기를 노력할 수 있기를 바랍니다.

하늘의 법칙 14

좁은 문 좁은 길

✣ 〈마태복음〉 7장 13~14절

13 좁은 문으로 들어가라 멸망으로 인도하는 문은 크고 그 길이 넓어 그리로 들어가는 자가 많고
14 생명으로 인도하는 문은 좁고 길이 협착하여 찾는 자가 적음이라

세상 돌아보기

• 미로 찾기

다음 페이지에 있는 것은 미로 찾기 게임입니다. 각자가 주어진 시간 안에 출발(S)로부터 도착(E)까지 길을 찾아 떠나 봅시다.

주님 알아가기

미국 서부에 가면 죽음의 계곡이라는 유명한 관광지가 있습니다. 우리가 잘 아는 그랜드캐니언보다는 작은 규모이지만 참 아름답고 한 번은 가 볼 만한 곳입니다. 바로 그 죽음의 계곡을 개발하던 초창기 때의 이야기입니다. 한 젊은 청년이 죽음의 계곡을 탐험하고 그 길을 개척하기 위해 길을 떠났습니다. 그러나 죽음의 계곡은 많은 사람이 찾아 갔지만 돌아오지 못했던, 이름 그대로 죽음의 계곡이었습니다. 죽음의 계곡에 들어가는 길목에 있는 인디언 마을에서도 인디언들이 손 사래를 치면서 이야기합니다. "안 됩니다. 안 됩니다. 그곳에 가서 지금까지 살아 돌아온 사람은 없습니다."

들어가지 말라는 것입니다. 그러나 젊은 청년은 한 발짝 한 발짝 죽음의 계곡을 향해서 나아갔습니다. 어느 시점에 이르자 두 갈래 길이 나왔습니다. 한쪽 길은 그렇게 크고 넓지는 않지만 사람들이 쉽게 갈 수 있는 길이었고, 또 한쪽의 길은 가시덤불과 장애물이 많은 길이었습니다. 분명히 길이었지만 사람이 지나간 흔적을 찾을 수 없는 길이었습니다. 아무런 생각 없이 장애물이 없는 좀 좋은 길을 선택했습니다. 어느 정도 그 길을 가다가 한 치 앞도 내다볼 수 없는 물안개를 만났습니다. 두려운 마음과 함께 문득 생각나는 것이 있었습니다. '지금까지 죽음의 계곡을 찾아 온 많은 사람이 돌아오지 못하고 여기에서 죽었다면 분명히 그들도 이 좋은 길을 선택 했을 거야!'

청년은 계속 그 길을 가야 하는가 아니면 돌아가야 하는가를 결정해야 할 기로에 놓였습니다. 청년은 큰 돌을 가지고 앞을 향해 던집니다. 분명 돌이 떨어지는 소리나 어디 부딪히는 소리가 들려야 되는데 아무런 소리도 들리지 않았습니다. "분명 저 앞 쪽에는 높은 절벽이거나 사람이 빠지면 헤어 나올 수 없는 늪이 있겠구나!"

많은 사람이 확인하지 않고 그냥 편하다고 간 그 길은 다시 돌아 올 수 없는 죽음의 계곡이었던 것입니다. 청년은 그때 그곳에서 돌아섰습니다. 다시 돌아와서 가시덤불과 장애물이 많은 길로 갔습니다. 처음에는 칼로 가시덤불을 베고 나무를 자르면서 앞을 향해서 갔습니다. 가시덤불과 장애물이 있는 길은 그렇게 길지 않았습니다. 잠시 힘들었던 길을 통과하고 나니 그 앞에 아름다운 풍광이 펼쳐져 있었습니다. 길을 따라 계곡까지 쉽게 내려갈 수 있었습니다. 그 밑에서는 물이 흐르고 계곡 아래를 따라 탐험한 후 배를 타고 하류로 돌아 내려가니 처음에 출발했던 곳과 가까운 지점에 도달하게 되었습니다. 그러면서 그 청년은 중요한 것을 깨닫게 됩니다. 결코 편하고 넓은 길이 좋은 것만은 아니구나. 잠시 잠깐 편했을 수도 있겠지만 그 길이 죽음의 길이었다는 것을 깨닫게 되었습니다.

제임스 제이디의 글에 나오는 "두 갈래의 길"이라는 이야기입니다.

예수님은 구원으로 인도하는 문을 좁은 문으로 비유하십니다. 그리고 좁은 문이라는 것은 사람들이 쉽게 가고 선택하는 그런 문이 아니라는 것을 말씀합니다.

1. 예수님이 말씀하신 인생의 두 가지 길

① 생명의 길 – 좁은 길

② 멸망의 길 – 넓은 길

그 두 가지의 길 가운데서 생명의 길이라고 하면 넓고 편안해야 되지만 말씀 속에는 거꾸로 좁은 길이요, 좁은 문이라 말합니다. 이 좁은 길은 넓은 길에 비해 걸어가기가 불편합니다. 힘이 듭니다. 친한 사람과 같이 동행하고 편하게 가는 즐거운 길이 아닐 수도 있습니다. 좁은 길은 짐을 지거나 무엇을 가지고 통과할 수 있는 길도 아닙니다. 그래서 좁은 길을 이용하고 찾는 사람이 적다고 말씀합니다. 굳이 좁은 길과 힘든 길을 가려고 하는 사람들이 많이 없다는 것입니다.

좁은 길은 일방통행입니다. 한번 들어서면 계속 앞으로 가야 하는 유일한 길입니다. 그러기에 험난한 길이며 외로운 길이라는 것입니다. 반면에 넓은 길과 넓은 문은 편안한 길이기도 하지만 많은 교차로를 만납니다. 교차로에서 곁길로 빠지기도 합니다. 큰길을 가다가 보면 인생의 선택의 기로에 자주 놓이게 되고 때로는 생각하지도 못하는 실수로 돌아 올 수 없는 길에 빠질 수도 있는 것이 넓은 길이기도 합니다.

2. 좁은 길과 좁은 문으로 가는 사람들

예수 믿는 사람들은 이 땅에서 좁은 길을 가는 사람들입니다. 그렇다고 기쁨이나 고통 따위는 없는 고해의 길이라는 의미도 아닙니다. 우리 삶에 무절제와 타락을 버리고 분리된 거룩한 삶을 사는 것입니다. 자기를 부인하고 예수님이 말씀하신 우리 몫의 십자가를 지고 가는 그 길이 바로 좁은 길이며 좁은 문이라는 것입니다.

철학자이자 신학자였던 키에르케고르는 현대 기독교인들을 빗대어 이런 말을 합니다. "요즘 기독교인들은 너무 염치가 없다. 그들은 십자가에 못박혀 돌아가신 예수를 믿는다고 하면서도 자신들만 잘 살려고 하는 데 애쓰기 때문이다. 참 그리스도인들은 염치가 없다."

일방적인 매도의 말이 아닙니다. 우리는 예수 그리스도를 통하여 세상 사람들이 받지 못한 구원과 영생을 받고 새로운 인생과 죄사함을 받았습니다. 그러나 여전히 이 땅에서 천년 만년 살 것처럼 세상 것에 집착하고 돈에 집착하고 자기 잘 사는 것만 생각하는 것이 문제라는 것입니다. 남이 어떻게 되든지 관심조차 없고 자신만 넓은 길로 신나게 걸어가는 그런 그리스도인을 향해 염치없다는 것입니다.

주님 바라보기

한국 교회 역사상 장로 교단 총회장을 3회 연임했던 이자익 목사님의 이야기입니다. 그 분의 삶에는 그 분을 목사님으로 세운 조덕삼이라는 장로님이 계셨습니다.

지금으로부터 약 100여 년 전 조덕삼 장로님은 금산 지역에서 가장 큰 부자였습니다. 엄청난 땅을 소유했고, 많은 가축을 소유했으며 큰 숙박업을 했던 엄청난 거부였습니다. 또한 참 신실한 사람이었습니다. 그 집에는 이자익이라는 종이 있었는데, 원래는 경상도 출신이지만 먹을 것이 없어서 평지가 많은 전라도 지역까지 오게 된 것입니다. 수소문 끝에 제일 부자라는 조덕삼 장로님 집에 찾아가 마부 생활을 하게 되었습니다. 이런 생활 가운데서 조덕삼 장로님은 외국인 선교사님을 통하여 예수 그리스도를 영접하고, 신앙을 갖게 되었습니다. 자기 집 사랑방에서 처음으로 교회를 시작하고 자기 돈으로 교회를 건축합니다. 그곳이 금산교회입니다. 그 분의 삶을 통하여 많은 사람이 교회를 오게 되고 예수를 믿게 되었습니다. 또 조 장로님은 종들에게도 많은 사랑을 베풀었습니다. 이자익 청년도 나이가 찼기에 결혼을 시키고 일부의 밭을 떼어서 분가를 시켰습니다. 이자익 역시 열심히 교회를 다니는 성실한 사람이었습니다. 두 분 모두 신실하게 예수를 믿고, 사람들에게 칭송을 받았습니다. 그런데 마침 교회에서 장로를 처음으로 뽑게 되었습니다. 많은 사람이 조덕삼 장로님이 당연히 장로가 될 것이라 생각했습니다. 투표 결과가 나오자 교회가 술렁거렸습니다. 결과는 조 장로님 집의 종으로 살았던 이자익 청년이 장로로 뽑힌 것이었습니다. 조덕삼 장로님이 떨어졌습니다. 조 장로님은 아무 말씀도 않았지만 사람들이 오히려 수근거렸습니다.

모두가 조덕삼 장로님의 눈치를 봅니다. 그러나 조덕삼 장로님은 그렇게 생각하지 않았습니다. "그렇구나! 하나님 뜻이구나." 조 장로님은 이렇게 생각하고 자신의 자존심과 섭섭함에 대해서는 생각하지도 않았습니다. 그리고 진심으로 이자익 장로를 축하하고, 잘 섬긴 것입니다. 얼마 후 조덕삼 장로는 이자익 장로에게 이렇게 말합니다.

"장로님. 우리 교회는 목사님도 안 계신데 장로님은 말씀도 잘 증거하고 신학도 공부해서 목회자가 되면 좋겠습니다. 가족들은 제가 돌보고 필요한 학비도 제가 다 부담할 테니 걱정하지 마시고 평양신학교에 가서 공부를 하세요."

결국 이자익 장로는 신학교에서 공부하고 목사가 되었습니다. 조덕삼 장로는 이자익 목사님을 자기 교회 담임목사로 청빙하고 함께 교회를 섬겼습니다. 물론 그때는 조덕삼 장로도 장로가 되었습니다. 자기 집의 종으로 있던 사람을 장로로 세우고, 담임목사로 청빙하여 성심성의껏 섬겼습니다. 바로 그 마부 목사인 이자익 목사가 세 번 연임해서 한국 교회를 대표하는 총회장이 된 것입니다.

두 분 모두 다 자기를 부인하는 사람이 아닌가 생각합니다. 중요한 사실은 하나님이 자기를 부인하는 자를 힘들거나 어렵고 자존심 상하게 만드는 것이 아니라 양쪽 집안을 다 명문가를 만드셨다는 것입니다.

1. 좁은 문과 좁은 길은 자기를 부인하는 삶을 사는 길입니다.

좁은 길과 좁은 문이 예수님을 상징한다면 그것이 무조건 예수를 믿으라는 말은 아니라는 것을 알 수 있습니다. 물론 틀린 말은 아니지만 예수를 믿는다는 곳에 머무르는 것이 아니라 한 단계 더 나아가 이제 그분을 따라서 나 자신을 부인하고, 내려놓고, 예수님을 좇아 그분의 길을 끝까지 가는 것을 의미한다는 말씀입니다. 좁은 길과 좁은 문으로 가라고 하는 것은 신앙의 고백과 신앙의 생활이 일치되는 것입니다. 염치없는 삶이라고 하는 것은 신앙고백하고 예수 믿는다고 하면서 삶은 여전히 세상 사람들과 같은 넓은 길을 가는 모습입니다. 좁은 문과 좁은 길은 나 자신을 부인하고 내 의지보다는 하나님의 뜻이 세워지고 내 욕망보다는 하나님의 영광이 드러나는 것입니다. 정말 신앙의 고백대로 우리의 삶이 따라가는 것입니다.

① 신앙생활은 예수님을 쫓아가는 것입니다.

Q 〈마태복음〉 16장 24절 말씀을 기록해 보세요.

미국에 있는 유명한 기독교 대학의 윤리학 수업시간이었습니다. Dr. Scott이라는 교수가 학생들에게 질문을 했습니다. "칼빈의 윤리학을 한마디로 이야기하면 뭐라고 할 수 있나요?"

그리고 바로 이런 정답을 내렸습니다. "한 단어로 요약하기는 어렵겠지만 굳이 한 단어로 요약하자면 '셀프디나이(Self Deny)'라고 할 수 있을 것입니다." 즉, 자기 부인이라는 것입니다.

② 자신을 내려놓고 가는 것입니다.

Q 〈마태복음〉 7장 14절 말씀을 기록해 보세요.

자기의 이기심도 내려놓고, 자기의 욕망도 내려놓고 자기의 삶을 내려놓고 주님을 좇는 길이기 때문에 사람들이 가기 싫어하고 그 길을 협착하다고 하는 것입니다. '협착하다'는 말은 헬라어로 '떨리보'입니다. 이 말은 좁다는 의미가 아닙니다. '괴롭다. 자존심이 상한다. 힘들다. 좌절시킨다.'라는 의미가 더 강합니다. 그렇다면 우리가 가는 그 좁은 문과 좁은 길은 때로는 괴롭습니다. 때로는 자존심이 상합니다. 때로는 좌절할 만큼 힘든 일이 될 수도 있습니다. 그렇지만 우리는 자신을 내려놓고 그 길을 가야 합니다.

예수님을 믿는 길은 찾는 이가 적습니다. 외로운 길입니다. 정말 자기를 부인하는 자존심이 상하는 길이 될 수도 있습니다. 그러나 주님은 우리를 향하여서 그 길을 가라고 말씀합니다. 그것이 예수 믿는 사람입니다.

③ 자기를 부인하고 가는 것입니다.

자기를 부인한다는 것은 모든 것을 다 내려놓는 것입니다. 내가 가진 육체적인 욕망도 내려놓고 끊임없이 올라오는 교만함과 모든 잘못된 것도 내려놓고 나 자신만을 생각하는 이기심도 내려놓아야 합니다. 이것이 자기 부인입니다. 내가 없다는 것입니다.

자기 부인은 하나님을 생각하고 가정을 생각하고 교회를 생각하고 이웃을 생각하고, 남을 생각하는 것입니다. '세상과 나는 간 곳 없고 구속한 주만 바라보는 것'입니다. 주님 앞에 우리의 모든 것을 맡기는 것입니다. 그분의 뜻에 따라 가는 것입니다. 내 이기심이 사라지는 것입니다.

자기의 말 한마디도 자제하지 못하고, 자기의 자존심도 내려놓지 못하고 자기의 이기심도 내려놓지 못하면 신앙생활을 오래했다고 중직을 맡았다고 자랑할 필요가 전혀 없습니다. 다 넓은 길입니다. 좁은 길은 힘들고 어렵지만 자기를 부인하는 진리의 길입니다. 이 길을 결코 쉽다고 말하지 않습니다. 힘이 들고 어려워도 찬송하며 가야 하는 길입니다.

2. 좁은 길과 좁은 문은 섬김과 희생의 길입니다.

좁은 문으로 들어간다는 것은 예수님이 갔던 길을 따라가는 것입니다. 예수님은 자신이 오신 목적에 '섬김'이라는 단어를 쓰셨습니다.

① 섬김의 길

Q 〈마가복음〉 10장 45절 말씀을 기록해 보세요.

예수 그리스도를 우리의 주인으로 섬기길 원한다면 그분의 철학, 그분의 정신 그분의 이 땅에 오신 목적을 염두에 두어야 합니다. 인생의 주인이 우리를 섬기러 왔다면 우리의 좁은 길과 좁은 길도 섬기는 것입니다. 그리스도인은 섬김의 자리에서 모든 일에 섬길 뿐만 아니라 사랑으로 다른 사람을 잘 돌봐야 합니다.

이런 섬김과 사랑의 대표적인 사람을 〈사도행전〉 11장 24절에 나오는 바나바와 같은 사람이라고 할 수 있을 것입니다. 이 말씀을 보면 우리의 가슴을 설레게 할 만한 말씀이 나옵니다. 성경에는 어느 한 사람의 인격과 그 사람의 품성을 이야기하는 경우가 잘 없습니다. 그러나 바나바에 대해서는 이렇게 설명합니다.

Q **〈사도행전〉 11장 24절 말씀을 기록해 보세요.**

우리는 교회 부흥이나 큰 역사는 기도도 많이 하고 성령 충만하고 믿음이 있고 대단한 비전이 있고 엄청난 프로그램 같은 것들이 있어야 된다고 생각 생각합니다. 잘못된 생각은 아니지만 우선된 것은 착한 사람 바나바 한 사람 때문에 안디옥 교회에 수많은 자들이 몰려왔다는 것입니다. 그 착한 사람을 영어로는 "He was a good man"이라고 합니다. "바나바 그는 좋은 사람이었더라." 그는 겸손했습니다. 그는 섬김의 사람이었습니다. 정말 고통받고 신음하는 사람들의 편이 되어 주었습니다.

〈사도행전〉 9장에 보면 답답하고 억울한 사울을 변호하는데 이런 일이 일어납니다.

Q **〈사도행전〉 9장 26~27절 말씀을 기록해 보세요.**

다음과 같은 상황입니다. 사도 바울은 분명히 예수님을 만나고 거듭나서 사명자가 되었습니다. 그런데 아무도 믿어 주지 않는 것이었습니다.

"사울! 네가 다메섹으로 가다가 예수님을 만났다고 하는데 누가 봤냐? 그리고 너는 예전에 예수님 믿는 사람을 핍박하고 죽였던 사람 아니냐? 언젠가는 뒤통수칠런지 모른다."

바울이 복음을 전하고 주의 일을 하려고 해도 사람들이 믿어 주지 않고 전부 피하고 무서워하고 인정하지 않는 것이었습니다. 그때 바울의 아픔과 바울의 처지를 이해하고 함께했던 자가 바로 바나바였습니다. 그냥 적당하게 편지를 한 통 써서 주면서 "제자들에게 가지고 가서 이야기 한 번 잘 해 보세요."라고 할 수 있었습니다. 그런데 27절 말씀을 보면 바나바가 직접 바울을 데리고 예루살렘으로 갑니다. 그리고 그곳에서 자기의 일처럼 바울을 변호합니다.

다메섹에서 그가 어떻게 예수님의 이름으로 담대히 말했는지 여러 가지를 설명합니다.

"이 분은 내가 보증합니다. 다메섹 도상에서 분명하게 예수님을 만나고 거듭났습니다. 이 분의 모든 삶을 내가 옆에서 보았습니다. 이 분은 분명히 예수님이 이방인을 위해서 세운 사도가 맞습니다."

변호하고 세워 주고 섬겨 줍니다. 그렇게 할 때 제자들이 마음이 열리고 받아들였습니다. 이정도가 되어야 섬김의 사람입니다.

그런데 거기에서 끝나는 것이 아닙니다. 자신이 평신도 지도자로 안디옥에서 목회를 할 때에도 어떤 의미에서 자기보다 훨씬 못한 바울을 데리고 와서 목회자로 삼습니다. 자신은 2인자로 바울과 교회를 섬깁니다. 나중에는 전도여행 때 생질의 문제로 일이 생길 때도 마찬가지입니다. 서로에게 맞는 사람과 함께 자신들의 길을 따로 가게 됩니다. 마음이 상했다거나 섭섭했다는 표현은 전혀 찾아 볼 수 없습니다. 이 정도가 되어야 온전한 섬김이라고 할 수 있는 것입니다.

섬긴다고 해서 비굴할 만큼 낮아져서 "예! 당신 뜻대로 하세요." 이런 것이 섬김이 아닙니다. 정말 진심으로 내가 다른 이를 위하여 도움을 주고 내가 다른 이를 세우고 내가 온전히 희생하는 자리까지 나가는 것이 섬김이고 좁은 길입니다.

② 희생의 길

Q 〈요한복음〉 12장 24절 말씀을 기록해 보세요.

어떤 의미에서 과거 시대의 희생이 있었기 때문에 지금 우리가 있는 것입니다. 그들의 섬김 때문에 우리가 있는 것입니다. 가난하고 힘든 성도들이 오늘 이 교회를 생각하며 희생하고 섬겼기 때문에 우리가 이렇게 편안하게 예배를 드릴 수 있는 것입니다.

과거의 우리 부모 세대가 희생하고 섬겼기 때문에 오늘 우리가 이만큼 누리면서 사는 것입니다. 과거의 이 나라 민족은 말할 수 없는 고통 가운데 있었습니다. 세계 153개국 가운데 우리나라는 151등 아니면 152등이었습니다. 그런 가난한 나라에서 수많은 젊은 여성이 독일에 가서 더러운 시체를 닦으면서 돈을 벌었습니다. 우리의 삼촌과 우리의 아버지들이 그 깊은 지하 갱도에 내려가서 외화를 획득하며 이 나라를 세웠습니다.

희생 없는 부흥은 없습니다. 중요한 것은 오늘 이 시대는 예수를 믿는다고 하면서도 더 이상은 좁은 문으로 가려고 하지 않는다는 것입니다. 희생하려 하지 않습니다. 하나님의 영광과 가정과 자녀와 부모와 교회와 이웃과 가난한 사람과 병든 사람과 고통받는 사람들을 위하여 희생하려 하지 않습니다. 자기가 희생을 해야 그것이 예수님을 믿는 좁은 길입니다.

잭 켈리(Jack Kelly)라는 미국인 기자가 소말리아 내전이 있을 때 그곳으로 취재를 갔을 때의 일입니다. 수도인 모가디슈에서 조금 벗어난 작은 마을을 취재할 일이 있었습니다. 온 마을 사람들이 모두 전쟁으로 죽어 있었습니다. 마을 입구에 바싹 마르고 영양실조에 걸려 배는 임산부처럼 부르고 머리는 영양분이 다 빠져버려 빨갛게 변한 소년이 있었습니다. 얼굴에는 온갖 독충들에게 물려 형편없었고, 힘이 없어 쓰러져 있었습니다. 잭 켈리는 그 소년을 보면서 자기가 가지고 있던 사과를 하나 주었습니다. 소년은 힘이 없어서 그 사과 하나도 제대로 받지 못할 정도였습니다. 잭은 사과를 반으로 잘라서 주었습니다. 그것을 받은 아이의 얼굴이 환해지더니 고맙다는 말도 없이 가버렸습니다.

그 아이를 쫓아가니 그 아이는 어느 집 앞에 누워있는 자기보다 더 작은 아이쪽으로 갔습니다. 그 소년은 누워 있던 작은 아이 앞에 가서 사과를 자기 입에 넣어 우물우물 씹어 아이의 입에 넣어 주는 것이었습니다. 그런데 이상한 것은 사과를 받아먹는 아이가 병에 걸려서 그런지 몸은 바싹 말라있지만 사과를 주는 소년보다는 얼굴이 더 통통해 보였습니다. 먹이는 아이보다도 훨씬 더 좋아보였습니다. 알고 보니 자기의 남동생이었습니다.

잭 켈리가 그 모습을 카메라로 찍었습니다. 잭 켈리가 구호 단체에 이야기해서 작은 아이는 살아났습니다. 그러나 형은 죽고 말았습니다. 저는 그 사진을 보고 많은 생각을 했습니다. '영혼을 살리는 목사라고 하면서 아프리카의 소년보다 못하구나.'

주님과 동행하기

1. 좁은 문과 좁은 길은 고된 삶이 아닙니다.

① 기쁜 마음으로 가야 합니다.

Q 〈시편〉 92편 4절 말씀을 기록해 보세요.

너희들이 어렵고 힘들지만 기쁨으로 가라는 것입니다. 우리가 통과해야 할 그 문 뒤에는 우리의 생각보다 훨씬 더 선하고 큰 하나님의 축복과 은혜가 있는 줄 믿어야 합니다.

천국은 상상이나 이야기가 아닙니다. 천국은 실재하는 것입니다. 주님이 재림하는 날에 가장 건강한 몸으로 부활하는 것도 실재하는 사건입니다. 이러한 하나님의 나라에 대한 소망과 기쁨으로 살아가라는 것입니다. 이 땅에 집착하지 말고 아무리 힘들고 어렵더라도 절대로 불평하거나 원망해서는 안 됩니다. 하늘의 영원한 소망을 바라보며 기쁨과 감사하는 마음으로 달려가야 합니다.

② 감사한 마음으로 가야 합니다.

Q 〈고린도전서〉 10장 30절 말씀을 기록해 보세요.

손양원 목사는 두 명의 아들이 공산당에게 죽었을 때도 열 가지 감사를 했습니다.

"하나님 아버지, 우리 두 아들이 공부하러 미국을 가려고 했는데 오늘 더 좋은 천국으로 불러 주셔서 감사합니다." 이것은 기독교인들만 할 수 있는 감사입니다.

등산을 할 때도 마찬가지입니다. 산을 오른다는 것은 쉽지 않습니다. 다리가 아프고 옮기는 발걸음이 무겁습니다. 혼자 갈 때 외롭기도 합니다. 숨이 차기도 합니다. 포기하고 싶을 때도 있습니다. 그러나 정상에 오르면 오르지 못한 사람들이 느낄 수 없는 감격과 희열이 있습니다. 말할 수 없는 큰 기쁨이 있는 것입니다. 아무리 힘들고 숨이 차도 기쁨으로 가는 것입니다. 힘들며 쉬기도 하고, 숨을 돌리기도하고, 마른 목을 축이기도 하며 정상을 바라보며 행복하게 걸어가는 것입니다.

찬송가의 가사처럼, "괴로움과 죄가 있는 곳 나 비록 여기 살아도 빛나고 높은 저곳을 날마다 바라봅니다." 괴로움과 죄가 있지만 그곳을 바라보면서 감사하며 기뻐하며 그렇게 달려가는 것입니다. 하나님 앞에 감사하는 마음으로 좁은 문을 가야 합니다.

2. 미래의 나의 모습

5년 후, 10년 후, 20년 후 나의 미래의 모습을 비전의 눈으로 바라볼 수 있는 시간입니다. 주님과 함께 믿음의 길을 성실히 걸어가는 우리의 삶에 어떤 미래가 준비되어 있을까? 기도하는 마음으로 상상해 봅시다.

5년 후

10년 후

20년 후

하늘의 법칙 15

열매와 행동으로 말하라

✣ 〈마태복음〉 7장 15~27절
15 거짓 선지자들을 삼가라 양의 옷을 입고 너희에게 나아오나 속에는 노략질하는 이리라 16 그들의 열매로 그들
을 알지니 가시나무에서 포도를, 또는 엉겅퀴에서 무화과를 따겠느냐 17 이와 같이 좋은 나무마다 아름다운 열매
를 맺고 못된 나무가 나쁜 열매를 맺나니 18 좋은 나무가 나쁜 열매를 맺을 수 없고 못된 나무가 아름다운 열매를
맺을 수 없느니라 19 아름다운 열매를 맺지 아니하는 나무마다 찍혀 불에 던져지느니라 20 이러므로 그들의 열매
로 그들을 알리라 21 나더러 주여 주여 하는 자마다 다 천국에 들어갈 것이 아니요 다만 하늘에 계신 내 아버지의
뜻대로 행하는 자라야 들어가리라 22 그 날에 많은 사람이 나더러 이르되 주여 주여 우리가 주의 이름으로 선지자
노릇 하며 주의 이름으로 귀신을 쫓아 내며 주의 이름으로 많은 권능을 행하지 아니하였나이까 하리니 23 그 때에
내가 그들에게 밝히 말하되 내가 너희를 도무지 알지 못하니 불법을 행하는 자들아 내게서 떠나가라 하리라 24 그
러므로 누구든지 나의 이 말을 듣고 행하는 자는 그 집을 반석 위에 지은 지혜로운 사람 같으리니 25 비가 내리고
창수가 나고 바람이 불어 그 집에 부딪치되 무너지지 아니하나니 이는 주추를 반석 위에 놓은 까닭이요 26 나의 이
말을 듣고 행하지 아니하는 자는 그 집을 모래 위에 지은 어리석은 사람 같으리니 27 비가 내리고 창수가 나고 바람
이 불어 그 집에 부딪치매 무너져 그 무너짐이 심하니라

세상 돌아보기

• 틀린 그림 찾기(다섯 군데)

주님 알아가기

세상에는 가짜가 너무 많습니다. 물건도 진품과 짝퉁이 있습니다. 짝퉁의 천국이라는 중국에는 사람을 빼고 다 만들어 낸다는 이야기가 있습니다. 심지어 그들이 쓰레기로 만든 만두는 눈으로 보나 맛을 보나 일반 만두와 정말 똑같다고 합니다. 그런데 이러한 물건에만 진짜와 가짜가 있는 것이 아닙니다. 성도들 가운데서도 진짜 그리스도인이 있고 가짜 그리스도인이 있습니다. 좀 더 적나라하게 말을 하면 '진품 그리스도인'이 있고 '짝퉁 그리스도인' 있다는 것입니다.

산상수훈 전체에는 하나의 일관성이 있습니다. 처음부터 끝까지 주님이 말씀하시는 내용은 이렇습니다.

"너희들은 참 그리스도인이 되어라. 그리고 행함으로 열매 맺는 그리스도인이 되어라!"

그래서 주님은 산상수훈의 처음부터 바리새인의 외식이 어떤 것인가를 이야기하신 것입니다. "너희는 바리새인처럼 되지 말아라. 겉모습만 그리스도인이고 속에는 믿음도 없고, 행함이 없는 짝퉁 그리스도인이 되지 말아라! 그리고 내가 지금 너희들에게 선포하는 말씀을 실천하여 진짜 그리스도인이 되라!"고 말씀하시는 것입니다. 가짜 지도자와 진짜 지도자가 어떤 것인가 말씀하시고, 가짜 제자와 진짜 제자를 말씀하시고, 지혜로운 자와 어리석은 자에 대해서 말씀하셨습니다. 그리고 이제 산상수훈의 마지막 대단원의 막을 내립니다. 그러면서 다시 말씀하십니다.

"제발 너희들은 겉모습만 꾸미고, 외식하며 행함이 없는 그리스도인이 되지 말고 진짜 그리스도인이 되어라."

1. 주님은 우리가 열매 맺는 참 그리스도인이 되길 원하십니다.

① 삶 속에 맺히는 열매로 참 그리스도인을 알 수 있습니다.

Q 〈마태복음〉 7장 20절 말씀을 기록해 보세요.

말하는 것으로, 겉으로 드러나는 모양으로 아는 것이 아니라 그들의 삶 속에 맺히는 열매로 안다는 것입니다. "아, 저 분은 진짜 그리스도인이구나." 우리는 삶에서 드러나는 열매가 그리스도인임을 증명하는 삶을 살아야 합니다.

② 행함과 실천이 있는 그리스도인이 되어야 합니다.

Q 〈야고보서〉 2장 26절 말씀을 기록해 보세요.

말만 시끄럽게 떠벌리는 사람은 참된 그리스도인이라 말할 수 없습니다. 말한 만큼 행함이 있어야 합니다. 수많은 시간 말씀을 보며, 기도하며 살았더라도 실천하지 않는 신앙은 죽은 것과 같다는 것입니다.

주님 바라보기

정진호 씨가 쓴 《루카스 이야기》라는 책이 있습니다. 그 책은 캐나다 토론토의 '데잇브레이크'라고 하는 장애 공동체를 소개하고 있습니다. 그곳에는 정신병자와 육체적으로 심각한 상태에 있는 환자가 많이 있었습니다.

특히 그 가운데는 장애인 부부가 한 쌍 있었습니다. 그 부부에게는 한 가지 소원이 있었는데, 아기를 가지는 것이었습니다. 그들은 간절히 기도하였습니다. "하나님 우리에게도 아기를 주세요."

하나님은 그들의 기도를 들으셨습니다. 3번의 유산 끝에 드디어 임신을 하게 되었습니다. 그런데 임신 4개월이 되었을 때 의사선생님에게 청천벽력 같은 이야기를 듣게 됩니다. 아이에게 두피가 없다는 것입니다. 아이의 뇌가 밖으로 튀어 나와 있었던 것이었습니다. 의사는 당연히 유산을 권합니다. 의사의 판단으로 아이가 태어나도 15분 안에 죽는다는 것이었습니다.

넓은 길이고 편안한 길은 유산을 택하는 것이 맞습니다. 하지만 부부는 좁은 길을 선택합니다. 진짜 그리스도인으로서 기도하기 시작했습니다.

"하나님 어떻게 할까요? 하나님 도와주세요."

그때 그들에게 하나님의 음성을 들렸습니다.

"나는 너희들도 사랑하지만 네 뱃속에 있는 그 아기도 사랑한단다."

부부는 아기를 낳기로 결심합니다. 그때부터 아이를 '루카스'로 이름 짓고 뱃속에 있는 아이와 대화하기 시작했습니다.

"루카스야, 오늘 엄마에게 이런 일이 있었어. 세상은 참 아름다운 곳이야. 오늘도 하나님의 은혜를 깨달았어."

그렇게 행복한 기다림의 시간이 지나고 드디어 출산을 하게 되었습니다. 아이의 상태는 의사의 진단대로였습니다. 아이의 뇌가 밖으로 나와 있었습니다. 의사의 반대에도 불구하고 엄마는 아기를 가슴으로 더 밀착시켜서 안아 주었습니다. 아이의 뇌가 들어가라고 그렇게 하는 것이었습니다. 그리고 의사의 반대를 무릅쓰고 집으로 데리고 갑니다. 물론 도저히 그럴 수 없는 상황이었지만 데리고 갔습니다. 그런데 이상한 일이 벌어졌습니다. 정신적으로 문제 있는 사람과 장애인들이 있는 그 단체에서 잔치가 벌어 진 것이었습니다. 모든 사람이 축하하며 축제의 장이 되었습니다. 일반인들이라면 그 아이를 징그러워했을 것입니다. 그러나 그들은 루카스를 만날 때마다 축하하고 기뻐하고 마음껏 사랑했습니다.

루카스는 15분이 아니라 17일 동안 이 땅에 살다가 숨을 거두었습니다. 그날 온 동네 사람들이 모여서 아이의 장례를 치렀습니다. 그때 루카스의 아버지는 하나님 앞에 이렇게 기도했습니다.

"하나님 아버지, 부족한 저에게도 아버지라는 이름을 가질 수 있는 시간을 주셔서 감사합니다. 루카스와 17일 동안이나 함께하게 해 주셔서 정말 감사합니다. 그리고 이제 루카스를 떠나보내면서 하나님의 사랑을 깨닫게 됩니다. 하나밖에 없는 사랑하는 아들을 죄인을 위하여 징계받게 하시고 죽게 내버려 두셨던 하나님 아버지의 마음을 이해할 수 있을 것 같습니다. 날 위해 십자가에서 돌아가신 예수님, 그 예수님을 주신 하나님 아버지를 이해하게 해 주셔서 감사합니다."

1. 열매를 통해 좋은 나무인지 나쁜 나무인지 알 수 있습니다.

본문에서 말하는 좋은 나무와 나쁜 나무는 진짜 나무를 의미하는 것이 아닙니다. 당시 시대의 지도자들과 거짓 선지자들에 대한 이야기입니다.

① 겉과 속이 다릅니다.

Q 〈마태복음〉 7장 15~16절 말씀을 기록해 보세요.

겉으로는 천사처럼 보이고 진리같이 보입니다. 하지만 그 속에는 자기의 이득에 눈이 멀어 있고, 자기의 재물과 욕심에 빠져 파멸로 달려가는 사탄의 모습이 숨겨져 있습니다.

이스라엘의 가시나무는 우리나라의 가시나무보다 그 가시가 훨씬 크고 굵습니다. 우리가 흔히 아는 아카시아같이 평범한 가시나무와는 다릅니다. 그런 가시나무에도 열매가 맺히는데 그것을 영어로는 '검은 딸기'라고 합니다. 진짜 딸기보다 조금 이상하게 생겼고 먹지 못하는 열매입니다. 그 열매를 멀리서 보면 주렁주렁 달려 있는 것이 마치 포도송이처럼 보입니다. 이것을 본 사람들은 포도나무라고 생각하고 실제 먹어 보면 사람이 먹을 수 없는 가시나무 열매라는 것을 알게 됩니다.
겉으로는 모양도 색깔도 비슷해 보이지만 속은 전혀 다르다는 말씀입니다. 엉겅퀴에도 꽃이 피는데 무화과의 꽃과 비슷하게 생겼습니다. 하지만 실제로는 무화과 꽃이 아닙니다.

이단들과 거짓 선지자들의 모습이 바로 이런 모습입니다. 어떤 의미에서 성도들이 보기에는 전혀 구분이 안 될 수도 있습니다. 우리와 똑같아 보입니다. 그래서 수많은 사람이 이단에 빠지고 참된 진리인 교회보다 더 진짜 같아 보이고 무엇인가 소망이 있는 것처럼 속는다는 것입니다. 하지만 아무리 겉모습이 똑같아 보여도 속은 다릅니다. 그들의 열매를 보면 알 수 있습니다.

오늘날 한국 사회는 신천지 때문에 몸살을 앓고 있습니다. 신천지는 양의 옷을 입은 이리처럼 우리 성도들을 삼키려고 호시탐탐 기회를 노리고 있습니다. 통계에 따르면 한국 교회에 침투되어 있는 신천지 신자가 약 3만 5천 명이나 된다고 합니다. 그렇게 침투한 신천지들은 스스로 '추수꾼'이라 일컫는데 그들은 은밀하게 활동하며 기성 교회를 무너뜨리려고 합니다.
진리는 절대로 은밀하지 않습니다. 진리는 고난과 핍박 속에서도 당당하게 자기의 신앙을 밝힙니다. 그런 한 가지 예만 봐도 알 수 있는 것입니다. 은밀하게 교회에 침투한 신천지 추수꾼들은 교회의 약한 자, 불평불만하는 자, 잘못된 신앙을 가진 자, 교리가 약한 자들을 붙들고 미혹하기 시작합니다. 그러다가 교회에 대한 작은 꼬투리라도 잡으면 지도자를 공격하고 교회를 파멸의 길로 이끌어 갑니다.

그들은 자신들의 정체를 숨기고 오랫동안 신앙생활을 하면서 교회를 넘어뜨리기 위한 상황을 엿보고 있습니다. 성도에게는 성경이 잘못된 것처럼 이야기하면서 미혹합니다. 성도가 잘 알지 못하는 성경적인 내용을 교묘하게 해석하고, 궁금증을 유발시킵니다. 그래서 성경을 함께 배울 것을 권면하며, 좋은 곳이 있다고 소개까지 합니다. 그렇지만 그런 성경 해석은 그들의 자의적인 해석이며 엉터리라는 사실을 알아야 합니다. 확실한 것은 교회가 아닌 장소에서 하는 성경 공부는 100% 이단이라고 보면 됩니다. 결국 이단들은 가정을 파괴하고, 교회를 무너뜨리고, 성도의 삶을 멸망의 길로 가게 합니다. 그것이 그들의 열매이기 때문입니다.

② 삶에 나타나는 열매가 다릅니다.

Q 〈잠언〉 10장 6~7절 말씀을 기록해 보세요.

아름다운 열매를 맺는 신앙인은 항상 행복한 삶을 살아갑니다.

열매를 보면 알 수 있습니다. 모든 나무는 그 열매로 좋은 나무인가 좋지 못한 나무인가 결정되는 것입니다. 우리의 삶의 진리도 마찬가지입니다. 우리의 삶의 행동과 열매를 보면 진짜인가 가짜인가를 알 수 있습니다. 아름다운 열매를 맺는 신앙인은 시간이 지날수록 늘 행복합니다. 더 얼굴이 밝

아집니다. 마음에는 평화가 찾아옵니다. 구원의 확신이 생깁니다. 그리스도의 고귀한 진리를 누리며 살아가게 됩니다.

이단의 열매를 맺는 인생은 절망적인 삶을 살아갑니다.

이단으로 인해 가정이 파탄에 이른 집사님이 한 분 계십니다. 아내가 이단에 빠져서 남편과 가정을 버린 것입니다. 말할 수 없는 고통을 겪었으며 아내의 신앙을 회복시키기 위해 노력했습니다. 그러나 불가능했고, 지칠 대로 지쳐 있었습니다. 교회 목사님을 찾아가면 항상 하는 말이 있었습니다.

"목사님, 어떻게 하든지 신천지 이야기를 자주 하셔야 합니다."

이단은 겉으로 양의 옷을 입고 있습니다. 보기에는 천사 같기도 합니다.

대학생들도 학업 때문에 다른 지역으로 가게 되면 신천지가 가장 먼저 접근한다고 합니다. 지방에서 공부하러 온 학생들에게는 천사처럼 다가갑니다. "입학을 축하한다. 앞으로 내가 많이 도와줄게. 모르는 것이 있으면 가르쳐 줄게."

학교 시설도 안내해 주고 함께 공부도 해 주고 시험 기간에는 과제하는 것도 도와줍니다. 가끔 맛있는 저녁도 사 줍니다. 그렇게 6개월에서 1년 동안은 자기의 정체를 드러내지 않고 계속 잘해 줍니다. 그러다가 마음이 조금씩 열릴 때 본색을 드러냅니다. "너 지금 교회 다니니? 어느 교회 나가니?"

"고향 교회에 다니는데 지금은 멀어서 나가지 못하고 있어요."

"그래? 그럼 우리 같이 성경 공부나 해 볼까? 성경에 보면 이런 것이 있는데,"라고 하면서 신천지의 교리를 가르치고, 본격적인 포교를 합니다.

그러면서 성경에 대한 토의하고, 의문이 될 만한 것을 이야기하며 호기심을 자극합니다. 그런 이야기를 들으면 성경이 헷갈리기 시작하고 그들의 말에 주목하게 됩니다. 결국 신천지에 넘어가서 개인과 가정과 교회가 완전히 파멸의 길을 걸어가게 되는 것입니다. 비록 겉모습은 똑같아도 양의 옷을 입고 삼킬 자를 찾아 호시탐탐 기회를 노리는 것입니다. 모두는 사탄의 전략입니다.

〈창세기〉에서 사탄이 하와를 유혹할 때도 그랬습니다.

"하나님이 정말 선악과를 따먹지 말라고 하더냐?" 당연한 이야기인데도 자꾸 물으니까 헷갈리기 시작합니다.

"정말 먹지 말라고 하더냐?" 그리고 더 집요하게 유혹합니다.

"하나님이 그것을 따 먹으면 사람에게 기회가 생기는데 하나님처럼 될까 봐 겁나서 그러는 것이 아니냐?"

너희 인간들에게는 하나님이 자유를 주셨다는데 왜 선악과에는 자유를 주지 않았느냐는 것입니다. 그러면서 조금씩 의심이 들게 만들고, 불평하게 만들고, 뭔가 답답하게 만듭니다. 그런 미혹의 목소리를 계속해서 듣다 보면 결국에는 사탄의 유혹에 넘어가 버리는 것입니다.

③ 기적이나 신유를 강조합니다.

Q 〈마태복음〉 12장 38절 말씀을 기록해 보세요.

타 종교나 불교나 이단에도 기적은 일어납니다. 사람의 과거를 맞추기도 하고, 심각한 질병을 고치기도 합니다. 그런 것을 경험 한 사람들은 한 번에 넘어가 버립니다.

우리 한국 사람에게 제일 약한 것이 눈으로 본 기적입니다. "병 고쳤더라." 라는 말 한마디면 이단이든지 삼단이든지 상관이 없이 빠져 들어갑니다. 무당들도 "당신이 옛날에 무엇을 했고, 어제 무엇을 했다."라고 하면서 과거를 잘 알고 있는 것 같습니다. 미래에 대해서도 "당신 앞에 누가 나타나는데, 그것이 어느 방향에서 나타나고 언제쯤 나타난다." 하면서 정말 이상한 소리들을 늘어놓습니다.

어느 기도원에서는 밀가루로 사람을 치료한다고 합니다. 원장이 그 밀가루에 안수하고 나면 거룩한 밀가루가 됩니다. 아픈 곳에다가 밀가루를 반죽해서 붙이면 다 낫는다는 것입니다. 그런데 더 웃긴 것은 정말 낫더라는 것입니다. 병을 낫게 하고, 치료하시는 분은 하나님이십니다. 능력 있는 목사도 아니고, 원장도 아닙니다. 밀가루는 더더욱 아닙니다.

다음은 직접 들은 이야기입니다. 어떤 할머니가 속된 표현으로 그 밀가루가 너무 용하다는 것입니다. 모든 병을 고치고 심지어는 암인데도 붙여버리면 나아버린다는 것입니다. 그것만 믿고 있던 할머니가 유치원 다니는 손자 머리에다 그 밀가루로 반죽해서 투구 모양처럼 씌워 놓더라는 것입니다. 이유가 손자 머리 좋아지라고 그랬다고 합니다.

어떤 시골에 사는 집사님은 그 밀가루가 성스러운 밀가루라고 농사를 지을 때 비료 뿌리듯이 자기 밭에다가 뿌렸다고 합니다. 그랬더니 한 해 농사를 망쳐 버렸다고 합니다.

정말 기형적인 일이 아닐 수 없습니다. 기적과 신유는 믿음의 표징이 될 수 있을지 몰라도 그것이 본질이 될 수는 없습니다. 이단도 할 수 있고 사이비도 할 수 있습니다. 출애굽 사건을 보면 열 가지 재앙 중에 앞에 몇 가지 재앙은 애굽의 마술사나 점쟁이들도 똑같이 했다고 기록되어 있습니다. 기적과 신유가 일어난다고 그것이 진리라고 믿으면 안 됩니다. 그 안의 열매를 보아야 합니다.

④ **자기들만 구원을 받는다고 합니다.**

Q 〈디모데전서〉 4장 2절 말씀을 기록해 보세요.

〈디모데후서〉 2장에 보면 이단들은 믿음을 무너뜨린다고 합니다. 기존 교회를 무너뜨리려고 합니다. 〈디모데전서〉 6장에서는 분쟁과 회방을 조장한다고 말씀합니다. 그러나 우리 하나님은 화평을 원하십니다. 바로 하나됨을 원하십니다.

ⓐ **분쟁을 만들고 훼방하게 만듭니다.**

교회에 물의를 일으키고 분쟁을 만들고 훼방하게 만듭니다. 그들은 경건치 않으며 기쁨과 감사가 없다고 말씀합니다. 대단히 비윤리적이고 비도덕적입니다. 부모도 자녀도 없습니다. 누가 상처를 받든지 상관하지 않고 독선적입니다. 또한 거짓되며 은밀합니다.

ⓑ **진리는 평화입니다.**

진리는 어떤 경우에도 변하지 않습니다. 진리는 우리 속에 기쁨과 감사가 넘치게 합니다. 하지만 진리가 없으면 시간이 지날수록 어두워지고 비판적이 됩니다. 사람들의 눈을 당당하게 마주치지 못합니다. 그러면서 자기들이 하는 주장에 대해서는 굉장히 독선적으로 강한 말을 내뱉습니다. 이러한 것이 거짓 선지자들의 열매인 것입니다. 어떤 나무가 좋은 나무인지, 어떤 지도자가 좋은 지도자인지, 무엇이 진리인지, 역시 그 열매로 아는 것입니다.

2. 참된 제자와 그릇된 제자도 열매와 행동으로 알 수 있습니다.

① 그리스도인은 삶 속에서 하나님이 살아 계심을 증거하는 삶을 살아야 합니다.

Q 〈마태복음〉 7장 21절 말씀을 기록해 보세요.

일반 성도들 가운데서도 진짜 성도가 있고 가짜 성도가 있다는 말씀입니다. 교회도 출석하고, 많은 봉사와 활동도 합니다. 심지어 기도도 아주 많이 합니다. 그럼에도 불구하고 진실 된 삶을 살아가는 진짜 그리스도인이 아닌 경우가 있다는 겁니다.

성도들이 삶의 현장에서 생활하다 보면 주변의 사람들이 먼저 알아 볼 때가 있습니다. 행동하는 것이나 살아가는 모습을 보면 그 열매가 너무 아름답고 그리스도인처럼 느껴지는 것입니다.

"죄송하지만 혹시 예수 믿으십니까? 선생님의 모습을 보니 사랑이 많고, 정직하고, 진실하셔서 꼭 예수 믿는 사람 같습니다."

"아, 그래요. 감사합니다."

이것이 바로 그리스도인의 아름다운 열매로 살아가는 삶의 모습입니다.

주님의 이름을 부르고 종교생활은 하지만 삶 가운데 믿음의 열매가 없다면 우리는 그리스도인이라고 말하기 어려울 것입니다.

다음은 〈참된 믿음〉이라고 하는 유명한 글에 있는 이야기입니다.

어느 명목상의 그리스도인이 탈세를 하고 부정을 저지르다가 감옥에 가게 됩니다. 딴에는 예수 믿는 사람이라고 하나님에게 죄송한 마음이 들었습니다. 그래서 다른 죄수들을 전도하기 시작했습니다.

옆의 죄수에게 전도합니다.
"혹시 하나님을 믿으십니까?"
그러자 그 사람이 고개를 흔들며 이렇게 이야기합니다.
"나는 하나님에 대해서 관심도 없고 믿지 않습니다. 그럼 당신은 예수를 믿는 것 같은데 왜 여기에 들어오게 됐나요?"
그 그리스도인은 부끄럽지만 탈세를 하고 부정을 저질러 이곳에 왔다고 솔직하게 이야기했습니다. 그러자 그 죄수가 빈정거리면서 이렇게 이야기합니다.
"당신도 역시 나와 같이 하나님을 믿지 않는군요. 나는 입으로 하나님을 믿지 않는다는 것을 이야기했지만 당신은 행동으로 하나님을 믿지 않는다고 이야기하는군요. 당신 같은 사람을 실천적인 무신론자라고 합니다."

시사하는 바가 큰 이야기입니다. 우리의 삶에서 나는 예수 믿는다고 하면서 수백 번 주님의 이름을 부르지만 삶에 드러나는 열매와 행동은 전혀 하나님이 계시지 않는 것처럼 살아가는 경우를 말하는 것입니다. 이것을 '실천적 무신론자'라고 말합니다. 말로는 예수를 믿는다고 하여도 행동으로 전혀 믿지 않는 사람처럼 살아간다는 것입니다. 입술의 고백으로는 "주여!" 하지만 삶의 많은 모습은 하나님이 계시지 않는 것처럼 사는 것입니다. 또한 하나님이 보시지 않는 것처럼 사는 겁니다. 하나님이 우리를 보호하시거나 인도하지 않는 듯 생각하고 행동하는 모습입니다. 이것이 바로 신앙생활에서 가장 무서운 것입니다. 바리새인처럼 형식과 외식만 남아 있고 삶의 진실성과 열매가 없는 인생입니다. 그것이 이후 초대교회 때는 바리새인과 서기관 같은 부류였고, 그 시대가 지나오면서 신앙이 아닌 의식적으로만 종교생활을 했던 중세시대였습니다.

② 타락한 중세 시대를 끝내게 만든 라틴어 두 개

그들 속에는 온갖 부정한 생각이 넘쳐났고, 행동은 세상 사람과 하나도 다른 것 없이 살았습니다. 돈으로 죄를 해결하고, 교황이 하나님처럼 받들려졌습니다. 그렇게 타락한 중세시대를 끝내게 만든 라틴어의 두 가지가 있습니다. 그것으로 인하여 루터를 통하여 종교개혁이 일어났습니다. 하나님 앞에 진실된 그리스도인으로 사는 것이 어떠한 것인지 깨닫고 종교개혁이 일어나게 된 겁니다.

아드폰테스

본질로 돌아가자는 것입니다. 본질은 하나님입니다. 형식적이고 외식적인 것이 아니라 진짜 중요한 것, 진실로 돌아가자는 것입니다.

아더비빌리아

하나님의 말씀으로 돌아가자는 것입니다. 사람이 만든 이야기 말고 '예수의 십자가', '부활 천국', '영생' 특별히 성경 말씀에서 우리에게 가르쳐 주시는 말씀대로 돌아가자는 것입니다.

이 시대 우리에게도 중요한 교훈입니다. 일평생 교회에 다녔다는 것을 자랑해서는 안 됩니다. 내가 하나님 앞에 본질로 돌아가 하나님을 찾아야 됩니다. 말씀으로 돌아가야 합니다. 그것이 진실된 그리스도인입니다. 기독교의 힘은 아름다운 열매요 행함에 있습니다.

호스피스로 유명한 엘리자베스 큐블러 로스(Elisabeth Kubler Ross)가 쓴 《인생 레슨》이라고 하는 책이 있습니다. 그 분이 임종을 앞둔 500명의 사람들을 만나서 인터뷰했던 내용을 책으로 옮긴 것입니다.

그 인터뷰의 결과는 두 가지였습니다. 하나는 "내가 왜 사랑하며 살지 못했는가?" 하나님이 나에게 주신 인생을 엉뚱하게 허비하고 사랑하며 살지 못한 것에 대해 후회와, 두 번째는 "내가 왜 이 땅에 살면서 정말 진실되고 바른 것을 행하며 살지 못했나?" 하는 후회입니다.
우리가 진정한 그리스도인이라면 겉모습과 드러나는 모양만이 아니라 속 알맹이까지 열매와 행함으로 드러나야 합니다.

우리가 예수 그리스도를 통하여 새 생명을 받고, 영생의 소망을 얻은 성도라면 하나님의 자녀답게 삶의 열매로 하나님의 자녀임을 고백하며 살아갑시다. 하나님의 제자임을 세상에 보여 주면서 살아갑시다.

주님과 동행하기

1. 인생의 지혜로운 자와 어리석은 자는 열매와 결과로 알 수 있습니다.

열매를 맺으며 실천하는 믿음으로 살아 있는 믿음의 삶을 살아가기를 강조하면서 집 짓는 건축자의 비유를 들어 설명합니다. 주님은 우리의 인생을 건축자로 비유하셨습니다. 인생의 집을 건축할 때에 지혜로운 건축가와 어리석은 건축가가 있습니다.

① 말씀을 듣고 순종하는 삶을 살아야 합니다.

Q 〈마태복음〉 7장 26절 말씀을 기록해 보세요.

한마디로 지혜로운 건축자는 하나님의 말씀을 듣고 순종하는 삶으로 성령의 열매를 맺는 아름다운 행함이 나타나는 삶을 말합니다. 하나님은 그러한 인생을 기뻐하십니다. 그러나 반대로 하나님 말씀을 따라 순종하지 않고 열매 맺지 못하는 그러한 인생의 어리석은 건축자라고 말하고 있습니다.

당시 팔레스타인 지방은 우기와 건기가 뚜렷했습니다. 광야와 사막이 분포하는 것은 원래 사막이라 그런 것이 아니고 워낙 강수량이 적기 때문입니다. 그런데 이스라엘 강들 가운데는 흔히 말하는 '야디', '와디'라는 강이 있습니다.

'와디'는 우기가 되면 물이 콸콸 넘치는 강입니다. 하지만 건기가 되면 물의 흔적은 조금도 찾아 볼 수 없는 그냥 빈 땅이 됩니다. 단 한 방울의 흔적도 없습니다. 건기 때 가서 보면 강이라는 생각이 조금도 들지 않습니다. 그냥 평평하고 모래가 많고 보기 좋은 땅처럼 보입니다. 그러기에 사람들은 비올 것을 생각하지도 않고 쉽고 빠르게 집을 지으려고 넓은 공터에 모래가 있는 와디에다 주추를 놓아 버립니다. 그러면 당연히 울퉁불퉁한 바위산이나 석회암이 있는 곳보다 빨리 지을 수 있습니다. 하지만 지혜로운 자는 어렵고 힘들더라도 반석에 주추를 놓고 짓는다는 말씀입니다.

② 힘들고 어려워도 진리의 길을 가야 합니다.

Q 〈마태복음〉 7장 24절 말씀을 기록해 보세요.

아무리 힘들어도 멀리 바라보면서 굳건한 믿음의 주추를 놓으라는 것입니다. 남들이 다 가는 길이라도 그것이 진리의 길이 아니면 돌아서라고 말씀합니다.

평상시는 어떤 사람이 진짜 그리스도인인지 가짜 그리스도인지 알 수 없습니다. 그러나 본문 말씀처럼 비가 내리고 창수가 나고 바람이 불어 그 집이 부딪혀서 무너질 때가 되면 알 수 있다는 것입니다.

진짜 그리스도인은 삶의 고난과 역경이 찾아왔을 때 절대로 흔들리지 않습니다. 지혜로운 자는 쉽고 편안한 길로 가려고 하지도 않습니다. 험하고 좁은 길이라도 정도로 걸어가고자 합니다. 이것이 바로 진리의 길입니다. 남들은 그 길이 힘들어 가기 싫어 하지만 우리는 반대입니다. 우리의 삶이 나아가야 할 길은 좁은 길입니다. 힘들고 어려워도 진리의 길이라면 그 위에 주추를 놓아야 합니다. 그 길이 하나님이 원하시는 길이고 우리가 달려가야 할 믿음의 길인 것입니다.

믿음의 기초를 튼튼히 해야 합니다. 말씀을 듣고 기도하여 순종함으로 믿음의 주추를 깊이 놓아야 합니다. 가까이 있는 쾌락보다는 멀리 있는 반석을 내다볼 수 있는 안목도 필요합니다. 남들은 그렇게 하지 않지만 우리는 그렇게 해야 합니다. 왜냐하면 그 길을 갈 수 있는 우리가 진짜이기 때문입니다.

2. 한국의 대표적인 이단을 알아봅시다.

많은 이단이 있지만 다음 표에 언급한 이단은 직접적으로 성도에게 피해를 주는 집단들입니다. 거짓된 열매로 성도를 미혹하는 악한 영의 세력에 넘어가지 말고 승리할 수 있기를 바랍니다.

	이단종파	주요 내용	포교 방법
1	**신천지**	• 성경 외 신탄이라는 책을 가지고 있다 • 비유와 상징을 강조하며 성경을 자의적으로 해석 • 교주 이만희를 보혜사 성령이라고 주장 • 산 옮기기라는 명칭으로 기존 교회 공격	무료 성경 공부 기성 교회 비판
2	**몰몬교**	• 몰몬경이라는 경전 • 모든 몰몬의 남성들은 누구나 신격에 도달할 수 있다고 주장 • 그리스도는 하나님과 마리아의 성정 관계의 지상적 산물로 주장	자발적 해외 포교 활동 무료 영어 학습을 빌미로 전도 활동

3	**여호와의 증인**	• 신세계 번역판 성경 사용 • 삼위 일체 교리 전면 부인 • 기존 기독교를 마귀를 따르는 무리라고 주장	파수대, 깨어라 등의 잡지 가정 방문으로 접근
4	**통일교**	• 문선명이 저술한 원리강론이 참 성경이라 주장 • 예수 그리스도를 실패자로 간주 • 교주와의 피가름을 통해 육체적 구원 주장	사회와 대중 행사 국제 합동 결혼식
5	**JMS**	• 교주 정명석을 재림 예수로 주장	대학동아리 단체, 문화, 사회적 활동으로 접촉
6	**다락방**	• 김기동의 귀신론에 영향을 받아 마귀에 대해 강조 • 기성교회에 대한 비판이 두드러짐	다락방 성경 공부 노방전도에 열심
7	**제칠일 안식교**	• 종말론적 신앙 분위기 조성 • 자신들의 교회가 지상에서 유일한 교회로 주장 • 율법 행위를 구원의 조건으로 내세움	삼육 재단을 통해 학생 포교
8	**안상홍 증인회**	• 사망한 안상홍을 성령 하나님으로 믿음 • 유월절과 안식일을 토요일로 지켜야 구원받는다고 주장 • 현재 장길자가 교주로 활동	설문, 팜플렛 이용 자원 봉사활동과 홍보

2권에서 이어집니다.